島津氏

鎌倉時代から続く名門のしたたかな戦略

新名一仁／徳永和喜
Niina Kazuhito / Tokunaga Kazunobu

PHP新書

はじめに

島津氏は、鎌倉時代から幕末維新期に至るまで九州南部の薩摩・大隅・日向三か国を支配した武家の名門であり、その相伝文書「島津家文書」は、国宝・重要文化財に指定され〝武家文書の白眉〟と称されている。

島津氏が中世から近世末まで存続したことと、九州南部という「中央」(京都・鎌倉・江戸の朝廷・幕府)からみると「遠国」「辺境」を本拠としていたことは密接な関係がある。「日本」という枠組みでみると、九州南部は「辺境」であろうが、東アジアという視点でみると、九州はその中心に位置し、九州南部は大陸や琉球方面から日本本土に至る玄関口の一つであった。古代以来、大陸・東南アジアからの多くの文物・人が九州南部を経由して日本に入っており、この地を支配する島津氏の特質・特性もこうした地理的条件に大きく規定され、「中央」からみた島津氏の価値もそこにあった。

そもそも、島津氏を名乗る初代忠久《ただひさ》が、九州南部の支配に関わるようになったのも、大陸・南海からの産物がもたらされる島津荘《しまづのしょう》を、鎌倉幕府を開いた源頼朝が重視した結果であった。室町幕府成立後、足利義満が日明勘合貿易を求めて明に接触を始めたのと同時に、島津氏も明に遣使《けんし》しており、義満は島津氏を懐柔せざるを得なかった。また、島津領内には、日明貿易の主要輸出品である硫黄の国内最大の産地があり、幕府にとって島津氏は無視できない守護家であった。

十六世紀に入って倭寇《わこう》（東シナ海をまたにかけた中国人・日本人の海商たち）の活動が活発になり、ポルトガル・スペイン人とともに九州に進出するようになると、九州南部は彼らの拠点の一つとなり、その結果、鉄砲やキリスト教が島津領内に伝来することになる。倭寇との関係を結んだのは島津氏だけでなく、その抵抗勢力の多くも沿岸部の要港を支配しており、島津氏は戦国大名化する過程でこうした抵抗勢力を排除し、港と海上流通の支配、特に琉球との貿易を統制しようとした。

そうしたなか、豊臣秀吉の九州出兵があり、島津氏もその軍門に降《くだ》って、豊臣大名として生き残っていく。秀吉は「唐入り《からいり》」（朝鮮侵攻）を実行するが、これを利用して島津氏は琉球王国への圧力を強め、その流れで慶長《けいちょう》十四年（一六〇九）の琉球侵攻に至る。これにより、薩摩藩はトカラ列島までを直轄地とし、琉球本島以南を間接統治しつづけることになる。こうした地理的条件により、近世末、欧米列強の東アジア進出に幕府より早く危機感を覚え、島津《しまづ》斉彬《なりあきら》による富国強兵・殖産興業政策に繋がっていく。

　このように、島津氏の支配領域は常に東アジア海域の情勢変化の影響を強く受けており、それが幕府など中央情勢との関係をも規定していった。島津氏の歴史を知ることは、日本史と中国・琉球との接点を知ることに繋がろう。

　ただ、島津氏が常に海上流通を支配し、「中央」から一目置かれる立場を維持しつづけていたわけではない。鎌倉期のほとんどは薩摩一国のみの支配に留まり、南北朝期から室町・戦国期には、常に反島津方勢力の攻撃に晒《さら》され、反島津方は「中央」と結びつくことで島津氏打倒を図った。島津氏自身も兄弟間、一族間抗争が頻発し、嫡流家（惣領《そうりょう》家）も二度交替している。また、「中央」との直接衝突もあり、南北朝期には幕府が派遣した九州探題今《いま》川了俊《がわりょうしゅん》からの攻撃に晒され、近世初頭には豊臣秀吉による軍事討伐、関ヶ原の戦いでの敗戦では改易の危機を迎えつつも、〝海外との窓口〟という地理的強みも活かしつつ、巧みな交渉術で生き残っている。

　長期にわたる同じ一族による支配の維持、政権との距離感、敗北後の危機回避など、七百年におよぶ島津氏の九州南部支配からは、現代においても学ぶべき点が多々あるのではないか。そうした観点から本書をお読みいただき、名門ながらマイナーな島津氏のことをより深く学んでいただけたら幸いである。

二〇二四年九月

新名一仁

追記　本稿脱稿後の二〇二四年八月十八日、尚古集成館館長・松尾千歳氏が亡くなられた。鹿児島大学の先輩で、博物館実習でお世話になって以来、さまざまな形でご指導いただき、優しく接していただいた。本書を楽しみにされており、刊行が間に合わなかったことが残念である。これまでのご厚意に厚くお礼申し上げるとともに、謹んで哀悼の意を表したい。

島津氏略系図

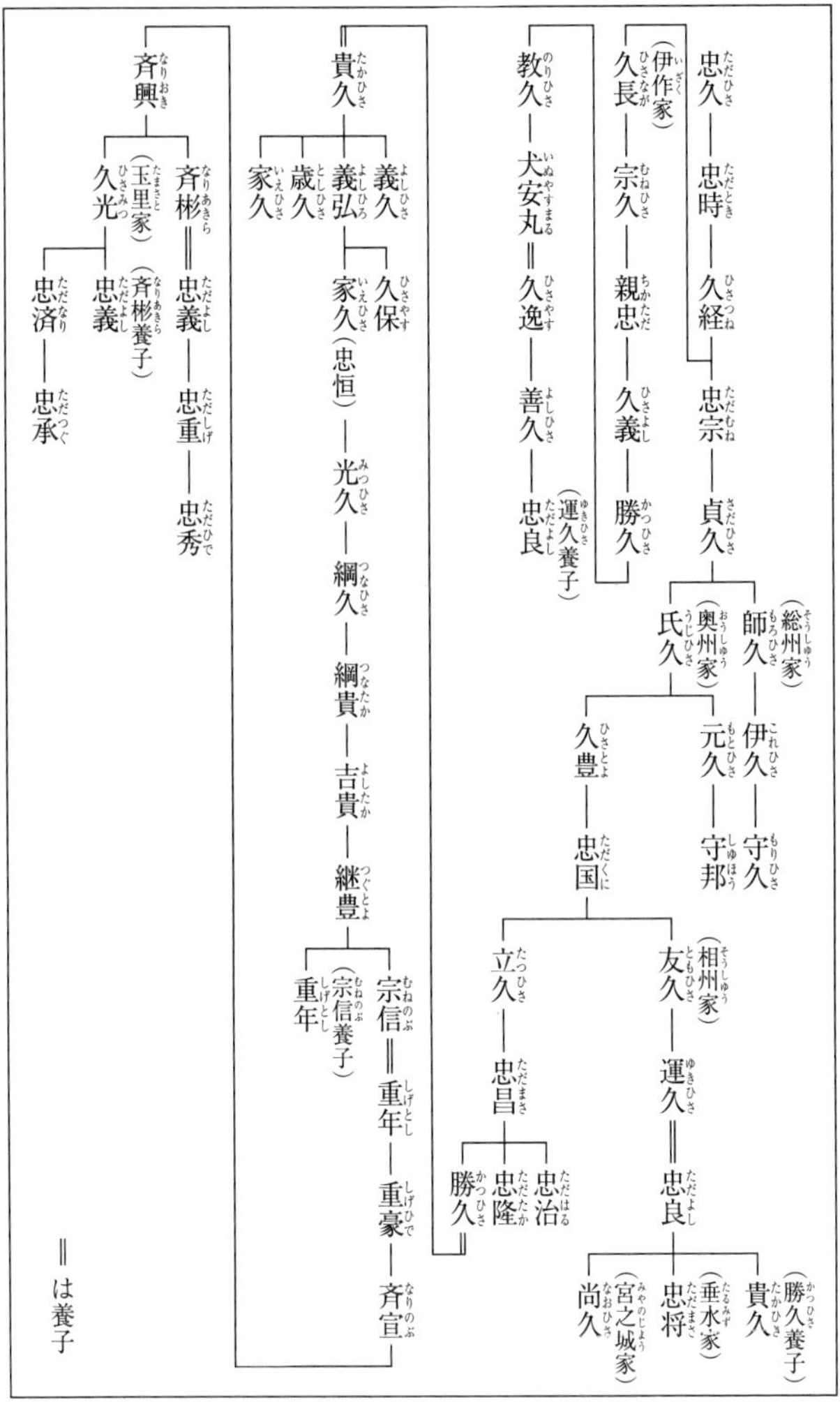

忠久《ただひさ》—忠時《ただとき》—久経《ひさつね》—忠宗《ただむね》—貞久《さだひさ》
（伊作《いざく》家）久長《ひさなが》—宗久《むねひさ》—親忠《ちかただ》—久義《ひさよし》—勝久《かつひさ》
教久《のりひさ》—犬安丸《いぬやすまる》═久逸《ひさやす》—善久《よしひさ》—忠良《ただよし》（運久《ゆきひさ》養子）
師久《もろひさ》（総州《そうしゅう》家）—伊久《これひさ》—守久《もりひさ》
氏久《うじひさ》（奥州《おうしゅう》家）—元久《もとひさ》—守邦《しゅほう》
久豊《ひさとよ》—忠国《ただくに》
友久《ともひさ》（相州《そうしゅう》家）—運久《ゆきひさ》═忠良《ただよし》
貴久《たかひさ》（勝久《かつひさ》養子）
忠将《ただまさ》（垂水《たるみず》家）
尚久《なおひさ》（宮之城《みやのじょう》家）
立久《たつひさ》—忠昌《ただまさ》
忠治《ただはる》
忠隆《ただたか》
勝久《かつひさ》
貴久《たかひさ》
義久《よしひさ》
義弘《よしひろ》
歳久《としひさ》
家久《いえひさ》
久保《ひさやす》
家久《いえひさ》（忠恒）—光久《みつひさ》—綱久《つなひさ》—綱貴《つなたか》—吉貴《よしたか》—継豊《つぐとよ》
宗信《むねのぶ》═重年《しげとし》—重豪《しげひで》—斉宣《なりのぶ》
重年《しげとし》（宗信《むねのぶ》養子）
斉興《なりおき》
斉彬《なりあきら》═忠義《ただよし》—忠重《ただしげ》—忠秀《ただひで》
久光《ひさみつ》（玉里《たまさと》家）
忠義《ただよし》（斉彬《なりあきら》養子）
忠済《ただなり》—忠承《ただつぐ》
═は養子

島津氏

鎌倉時代から続く名門のしたたかな戦略

――目次

はじめに　3

第一章　島津忠久の治世――元暦二年（一一八五）〜嘉禄三年（一二二七）

島津忠久の「源頼朝落胤説」　20
忠久の実父は誰か？　23
忠久の母・丹後内侍は、どんな人物か？　24
源頼朝・義経と忠久の接点　26
島津荘下司への抜擢と名字化　27
比企の乱の影響と薩摩国守護復帰　28
忠久の死没とその後の島津氏　29

第二章　島津貞久・氏久の治世――文保二年（一三一八）〜嘉慶元年（一三八七）

六十代で鎌倉幕府の滅亡・建武の新政を迎えた貞久　34

足利尊氏の挙兵・室町幕府の成立と貞久の選択　36
南朝方との抗争　38
分裂する足利家と貞久の決断　40
師久・氏久への権限移譲　41
師久・氏久兄弟の「外交戦略」　43
貞久の抗議と死　45
中国大陸との交易を目指す氏久　46
九州探題今川了俊との抗争　48

第三章　島津元久・久豊の治世――嘉慶元年（一三八七）～応永三十二年（一四二五）

九州探題今川了俊との抗争に勝利　52
入来院氏討伐と両島津家の対立　54
日明勘合貿易の開始と足利義満の奥州家元久優遇　55
島津奥州家の勝利と元久の死による三か国守護職の兼帯実現　56
島津久豊による家督奪取　58

日向国山東奪回計画と久豊の死　60

第四章　島津忠国・立久の治世――応永三十二年（一四二五）～文明六年（一四七四）

伊東祐立の反逆と穆佐城からの退去　64
山東進攻と国一揆の勃発　65
忠国の失脚と弟持久の台頭　66
「大覚寺義昭事件」に島津氏はどう対処したか　68
忠国・持久の抗争と和睦　70
島津立久の家督奪取　71
立久の分国統治　73

第五章　島津忠良・貴久の治世――大永七年（一五二七）～永禄九年（一五六六）

伊作忠良の島津相州家継承　78
島津奥州家の弱体化と薩州家の台頭　81

忠良によるクーデター　82
島津家「三つ巴の抗争」　84
貴久の奥州家継承と大隅での抵抗　87
権力の基盤を固める貴久　88
肝付兼続の離反と島津氏包囲網　90
薩摩国統一と貴久の死　91

第六章

島津義久・義弘の治世――永禄九年（一五六六）～慶長四年（一五九九）

島津四兄弟　96
義久の家督継承と妻子　97
義弘の婚姻と日向入り　98
薩摩・大隅統一　99
高城・耳川合戦、日向統一　100
豊薩和平の成立、肥後への進出　102
龍造寺隆信との対決と肥薩和平の成立　104

筑後支配をめぐる矛盾と義弘の「名代」就任　106
肥後統一と大友氏との敵対　107
筑前進攻・豊後進攻　108
義久の和平交渉と秀吉への降伏　110
豊臣大名としての義久・義弘　111
太閤検地から庄内の乱　113
関ヶ原の戦いと戦後処理　116
義弘は島津氏の家督を継承したか？　117
義久・義弘の最期　118

第七章　島津家久の治世——慶長六年（一六〇一）〜寛永十五年（一六三八）

近世薩摩の基盤を築いた家久の実力　120
祖父・島津貴久の貿易史観　121
義久の山川港直轄港化＝国際貿易構想　126
家久の貿易構想と実践　129

居付中国人と学僧によって担われた通訳 130
朱印船貿易――日本の大航海時代　最大の朱印船貿易大名島津氏 133
島津氏の朱印船貿易経営 137
大迫文書からみた朱印船貿易 142
琉球出兵と琉球支配 146
築城思想と城下町形成 150
鹿児島城構想 153

第八章

島津光久の治世――寛永十五年(一六三八)～貞享四年(一六八七)

近世薩摩藩の貴重な財源とは 158
琉球口貿易認可 159
東アジア貿易構図――冠船奉行の構想、貿易拡大策の建言 165
冠船貿易の運上の取り扱い 170
緊急拡大策の挫折 172

第九章 島津重豪の治世——宝暦五年(一七五五)〜天明七年(一七八七)

藩改革で財政難から救った立役者 176
薩摩藩の借財と原因 177
財政改革者調所広郷の実績 179
財政改革の切り札——流通海運政策 185
天保期にみる藩密貿易の実態 188
昆布を運んだ北前船 192
琉球経由輸出品「昆布」 197

第十章 島津斉彬の治世——嘉永四年(一八五一)〜安政五年(一八五八)

斉彬の世界観 204
お由羅騒動 206
斉彬藩主就任——琉球開国問題と斉興昇進問題 208

斉彬の国家論・経営論　211
ペリー来航――幕府諮問への上書と本音　212
西洋通事の充実と蘭通詞　217
斉彬の洋学所計画　220
蘭学から英学へ――薩摩藩の大転換　222
上野景範と英学　224
上海渡航と景範　226

第十一章　島津久光の治世――安政五年（一八五八）～明治二年（一八六九）

久光の率兵上洛　230
寺田屋事件　231
生麦事件　233
久光の討幕資金獲得――薩摩藩偽金造りの実態　235
「琉球通宝」鋳造の幕府の許可は得られたのか　237
幕府の許可は誰の功績か　243

幕府鋳造許可高と推定鋳造高　246
開業後から翌年四月頃までの鋳造高推移　250
薩英戦争後の鋳造高　250
廃藩置県の背景　254
廃藩置県断行に対する久光の本懐　255

おわりに　259

主な参考文献　262

第一章

島津忠久の治世

元暦二年（一一八五）～嘉禄三年（一二二七）

島津忠久
尚古集成館所蔵

島津忠久の「源頼朝落胤説」

〝武家の名門〟として知られ、中世から近代に至るまで九州南部の支配者として君臨した島津氏の祖である惟宗忠久《これむねただひさ》は、その両親や生年などいまだにはっきりしていない、謎に包まれた人物である。

近世に編纂された系図や家譜は、島津忠久の出生について次のような説を公式見解としている（「島津氏正統系図」など）。

忠久の母は、比企能員《ひきよしかず》の妹丹後局《たんごのつぼね》であり、源頼朝の子を身ごもった。しかし、頼朝の室北条政子《ほうじょうまさこ》の嫉妬を恐れて関東から上方に逃れ、摂津住吉《せっつすみよし》で宿を求めたが断られ、治承《じしょう》三年（一一七九）、住吉社近くの石の上で、雨が降るなか狐火《きつねび》の灯りの下で男子を出産した。これが忠久である。丹後局はひそかに関東に下向《げこう》して惟宗民部大輔広言《みんぶのたいふひろこと》に嫁いで、忠久も惟宗氏を名乗った。

いわゆる〝源頼朝落胤説《みなもとのよりともらくいんせつ》〟である。現在でも住吉大社（大阪市住吉区）の社頭《しゃとう》には、忠久が生まれた「誕生石」が残されている。鹿児島には、花尾神社《はなおじんじゃ》（鹿児島市花尾町）をはじめとして、丹後局・忠久親子を祀《まつ》った神社が複数あり、狐火が出産を助けたことから稲荷信《いなりしん》仰《こう》が盛んとなり、雨は吉兆とされ「島津雨」と呼ばれた。

また、十七世紀末に諸大名から提出された家譜《かふ》をもとに江戸幕府が編纂した『寛政重修《かんせいちょうしゅう》諸家譜《しょかふ》』によると、忠久誕生翌日に、近衛基通《このえもとみち》が住吉社を参詣《さんけい》し、母子を憐れんで京都に連れ帰ったことになっている。島津氏と近衛家の特殊な関係を説明するために付け足されたものだろう。

〝源頼朝落胤説〟は、島津氏家臣が十五世紀前半に記したとされる「酒匂安国寺申状《さこうあんこくじもうしじょう》」や十五世紀後半に記された『山田聖栄自記《やまだしょうえいじき》』を初見とし、忠久没後二百年以上経ってからのものである。それが徐々に潤色《じゅんしょく》されていき、寛永《かんえい》十九年（一六四二）、幕府の命で提出された家譜には、〝源頼朝落胤説〟が盛り込まれ、これをもとに幕府の儒者林羅山《はやしらざん》によって『寛《かん》永諸家系図伝《えいしょかけいずでん》』が編纂され、この説は幕府公認のものとなった。

もちろん、この説は事実ではない。それでは惟宗忠久とは何者で、なぜ源頼朝の御家人《ごけにん》となり、日本最大の荘園《しょうえん》である島津荘《しまづのしょう》を領有して「島津」を名字とするに至ったのだろうか。

京武者《きようむしや》・惟宗忠久の初見史料は、久寿《きゆうじゆ》二年（一一五五）正月二十六日、正六位上《しようろくいのじよう》惟宗忠久が、左大臣藤原頼長《ふじわらのよりなが》（一一二〇～五六）の年給《ねんきゆう》により「播磨少掾《はりまのしようじよう》」に任じられたとの『除目大成《じもくたいせい》』の記事である。これ以前に忠久は誕生して成人し、正六位上に叙《じよ》されていたことになる。

この時点で、家譜類《かふるい》の治承《じしよう》三年（一一七九）誕生説は矛盾を生じる。年給とは、官位や爵位を第三者に売ることである。給主は任意の者をその地位につけ、任料《にんりよう》・叙料《じよりよう》を得ることができた。つまり、忠久は藤氏長者の藤原頼長から「播磨少掾」を購入したのである。

次いで、治承三年（一一七九）二月八日には、忠久が春日祭《かすがまつり》（春日大社の祭礼）の使者に供奉《ぐぶ》した「侍」としてみえる。この時点で忠久は、「左兵衛尉《さひようえのじよう》」という朝廷の官職を持った武官、つまり京侍・京武者となっていた。

さらに治承四年五月六日には、右近衛府真手結《うこんえふまてつがい》（近衛府の選ばれた官人が、近衛の馬場で次将臨席のもとにおこなう騎射《うまゆみ》）見物に向かった女院皇嘉門院聖子《にょいんこうかもんいんせいし》（藤原忠通娘《ふじわらのただみち》、崇徳天皇《すとくてんのう》中宮《ちゆうぐう》）に供奉している。忠久は藤原摂関家と主従関係を結んでいたことがわかる。

忠久の実父は誰か？

もともと朝鮮半島からの渡来人秦氏《はたうじ》の一流である惟宗氏は、平安末期以降、摂関家《せっかんけ》、特に近衛家《このえけ》の下家司《しもけいし》（貴族の家の家務《かむ》を執《と》る家司のうち下級の者）を独占的に継承していた。下家司の惟宗氏の一部には、全国に分布する摂関家領荘園の経営のため、現地に下向して武士化する者があった。

なお、摂関家領のうち最大の面積を誇る荘園が島津荘である。島津荘は、日向国《ひゅうがのくに》島津（宮崎県都城《みやこのじょう》市）を起点に、日向・大隅《おおすみ》・薩摩三か国に広がっていった。この島津荘の半分は、一国支配を担う国衙《こくが》と領家に半分ずつ年貢を納入する「寄郡《よりごおり》」であり、国衙との関係が深かった。この点、日向国司には摂関家家司出身者が任じられており、摂関家が国司《こくし》の支配下にある国衙を通じて島津荘支配を実現していたことが指摘されている。こうした国司のうち、大治《たいじ》三年（一一二八）正月二十四日に任じられた惟宗基言《これむねもとこと》は、忠久の養父とされる惟宗広言の父である。

前出の「酒匂安国寺申状」には、忠久の孫島津久時《しまづひさとき》と薩摩国御家人市来政家《いちきまさいえ》の間で系図相論があったことが記されている。両者とも惟宗氏出身であるが、久時は惟宗忠久の父を「広言」とし、市来政家は忠久の父を「康久《やすひさ》」と主張したのである。野口実氏は、広言と康久の官歴に注目した。広言の父基言は、少内記《しょうないき》・少外記《しょうげき》・日向守《ひゅうがのかみ》、広言自身も民部丞《みんぶのじょう》・筑後《ちくごの》守《かみ》など文官の官職についている。一方、康久は右兵衛尉《うひょうえのじょう》であったが、仁安《にんあん》三年（一一六八）に右衛門尉《うえもんのじょう》に任官しており、武官を歴任していた。忠久も左兵衛尉→左衛門尉《さえもんのじょう》→検非違《けびい》使《し》と、武官を歴任しており、父祖の官歴を踏襲することが多い当時の下級貴族の傾向を考えると、惟宗康久が忠久の実父である可能性が高い。

ただ、忠久は惟宗広言が没した文治《ぶんじ》五年（一一八九）、喪に服して一時期官職を返上しており、広言の猶子《ゆうし》もしくは養子となっていた可能性が高く、晩年には武官ではない「豊後《ぶんごの》守《かみ》」に任官している。このことが、孫島津久時が持つ系図や、現在に伝わる系図・家譜に反映されたのだろう。

忠久の母・丹後内侍は、どんな人物か？

忠久の生母は「比企能員の妹丹後局」と伝わるが、これは比企尼《ひきのあま》（比企能員養母）の娘

比企氏の婚姻関係図

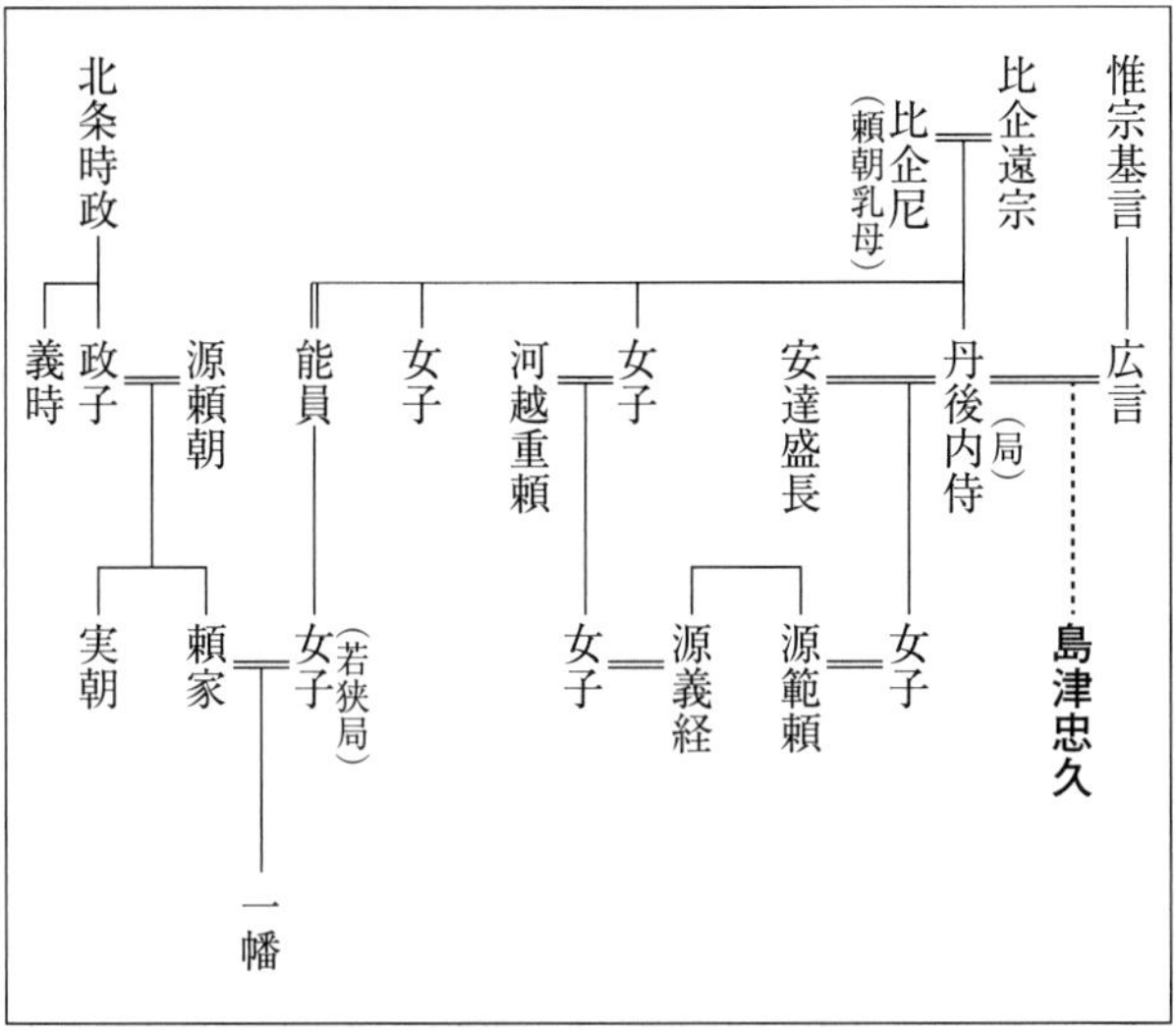

「丹後内侍《たんごのないし》」の誤伝とみられる。丹後内侍の母比企尼は、源頼朝の乳母であり、伊豆に配流された頼朝を支え続け、その功により養子の比企能員は有力御家人となった。なお、丹後内侍の妹は御家人河越重頼《かわごえしげより》に嫁いでおり、その娘は頼朝の異母弟義経の室《しつ》となる。

　また、丹後内侍自身も、有力御家人安《あ》達《だち》氏の祖で、頼朝の側近藤九郎盛長《とうくろうもりなが》の妻となっている。幕府創設直後の頼朝は、縁故関係を使って京都から有能な吏《り》僚《りょう》・武士を鎌倉に招いており、惟宗忠久の御家人化もそうした縁故関係を一つの背景としていた。

源頼朝・義経と忠久の接点

源頼朝は、治承四年（一一八〇）八月に伊豆で挙兵し、平氏打倒に乗り出す。この頃忠久はまだ京都にあり、女院に供奉していた。

元暦《げんりゃく》元年（一一八四）八月、源《みなもとの》義仲《よしなか》を破った弟義経に対し、頼朝は平家没官領《へいけもつかんりょう》の処分権を与えるとともに、比企尼の孫にあたる河越重頼娘を義経の室にすることを決定する。

それと同時に京都では、後白河法皇《ごしらかわほうおう》が、その男色相手であった摂政近衛基通《せっしょうこのえもとみち》を頼朝の聟《むこ》とする意向を伝えている。つまり、頼朝の娘大姫《おおひめ》を基通室に招こうという計画である。

保立道久《ほたてみちひさ》氏は、この時頼朝が娘大姫を連れて上洛する意向だったと推測している。この縁組は実現しなかったが、この時、近衛家と頼朝を繋ぐために鎌倉に下向したのが、近衛家と主従関係にあった惟宗忠久ではなかったかと推測されている。

また、同年九月に義経に嫁いだ河越重頼娘は、丹後内侍の姪で、忠久の従兄弟《いとこ》にあたり、義経と忠久も接点があったとみられる。

忠久と頼朝の関係が窺える初出史料は、この翌年、元暦二年（一一八五）六月十五日付の源頼朝下文二通であり、忠久は伊勢国須可荘《すかのしょう》（三重県松阪市）と波出御厨《はでのみくりや》（三重県津市一志町《いちしちょう》）の地頭職《じとうしき》に任じられている。

この年三月に壇ノ浦《だんのうら》（山口県下関市）で平氏を滅ぼした源義経は鎌倉に向かうが、兄頼朝は面会を拒否し、六月に義経は京都に戻る。すると頼朝は義経に与えていた平家没官領処分権を剥奪し、義経追討に動く。伊勢国須可荘は近衛家領であり、前出の近衛基通の意向で義経から惟宗忠久に与えられていたとみられ、義経の失脚により、改めて頼朝から忠久に安堵されたとみられる。忠久は、後白河法皇の意向で源頼朝に接近した近衛基通の意向と比企氏との縁故により、頼朝の御家人になったようである。

島津荘下司への抜擢と名字化

伊勢国内の地頭職に任じられたのと同じ元暦二年（一一八五）八月十七日、惟宗忠久は頼朝から島津荘下司職に任じられ、同年十一月十八日には、島津荘領家の藤原成子《ふじわらのせいし》が忠久の下司職就任を追認している。

藤原成子の父邦綱《くにつな》は近衛家家司であるとともに、平清盛《たいらのきよもり》の娘で藤原基実《ふじわらのもとざね》に嫁いだ平《たいらの》盛子《もりこ》の後見人であった。基実が仁安元年（一一六六）に没すると、盛子が摂関家領を引き継いでおり、島津荘も実質的には平氏領となっていた。平氏の滅亡により同荘を回復した基実の子近衛基通は、伊勢国須可荘と同様、頼朝に働きかけて惟宗忠久を島津荘の現地支配トップである下司職に抜擢《ばってき》させたようである。

翌年四月、忠久は島津荘地頭と呼ばれており、文治《ぶんじ》三年（一一八七）には島津荘目代《もくだい》、押《おう》領使《りょうし》となり、建久《けんきゅう》八年（一一九七）十二月三日には、薩摩・大隅両国の「家人奉行人《けにんぶぎょうにん》」に任じられている。家人奉行人とは後の守護職のこととされ、まもなく日向国も兼務したようである。正治《しょうじ》二年（一二〇〇）二月には、『吾妻鏡《あづまかがみ》』に「島津左衛門尉忠久《しまづさえもんのじょうただひさ》」と記されており、この頃までに「島津」を名字としたようである。

比企の乱の影響と薩摩国守護復帰

島津忠久の母方で繋がる比企能員は、娘を頼朝の長男頼家《よりいえ》に嫁がせ、北条氏と対抗したが、建仁《けんにん》三年（一二〇三）比企の乱で北条氏に敗れて滅亡する。忠久は比企氏の縁者であったため、同年九月、島津荘の所職や守護職を剝奪されてしまう。しかし、建暦《けんりゃく》三年（一二一三）五月の和田合戦（和田義盛《わだよしもり》の乱）で軍功を挙げた忠久は、同年七月、島津荘薩摩方地頭職に任じられる。薩摩国守護職にも復帰したとみられるが、島津荘日向方・大隅方地頭職と両国守護職は忠久のもとには戻らず、鎌倉幕府滅亡まで北条氏一門が相伝していく。

承久《じょうきゅう》三年（一二二一）の承久の乱でも軍功のあった忠久は、近衛家領であった信濃国《しなののくに》太《おお》田荘《たのしょう》（長野県長野市）地頭職に任じられるとともに、越前国《えちぜんのくに》守護職にも任じられ、両国には島津氏の一族が入部している。

忠久の死没とその後の島津氏

晩年の忠久は、嘉禄《かろく》元年（一二二五）頃に検非違使となり、賀茂祭《かものまつり》（現在の葵祭《あおいまつり》）の祭主を務めるなど、鎌倉と京都を行き来していたが、嘉禄三年（一二二七）六月十八日に没している。『吾妻鏡』によると、脚気《かっけ》を患ったうえに赤痢《せきり》に罹患《りかん》したという。系図・家譜によると享年は四十九となるが、実際は八十歳以上であったとみられる。島津荘薩摩方地頭職と薩摩国守護職は、忠久の長男忠時《ただとき》の系統に相伝されていく。

文永《ぶんえい》・弘安《こうあん》、二度の蒙古《もうこ》襲来《しゅうらい》を契機として異国警固番役が始まり、九州に所領を持つ鎮《ちん》

官歴と動向

	年月日	動向	出典
12	建久9年(1198)2月22日	忠久、「島津左衛門尉殿」と呼ばれる。	『島津家文書』未刊行分
13	正治2年(1200)2月26日	「島津左衛門尉忠久」、源頼家の鶴岡八幡宮社参に供奉。	『吾妻鏡』
14	建仁3年(1203)9月4日	幕府、「島津左衛門尉忠久」の大隅・薩摩・日向等の守護職を、比企能員に縁座したことにより収公する。	『吾妻鏡』
15	建暦3年(1213)7月10日	幕府、「左衛門尉惟宗忠久」を島津荘薩摩方地頭職に補任(還補)する。	『島津家文書』1-12号
16	承久3年(1221)5月8日	幕府(北条義時)、「左衛門尉惟宗忠久」を信濃国太田荘地頭職に補任。	『島津家文書』1-15号
17	承久3年(1221)7月12日	幕府(北条義時)、「左衛門尉藤原忠久」を越前国守護人に補任。	『島津家文書』1-17号
18	嘉禄年間(1225～27)	検非違使に補任され、賀茂祭主を務める。	『新後撰和歌集』巻17
19	嘉禄3年(1227)4月16日	将軍家(藤原三寅)の不例(病気)により、御所南門にて「島津豊後守」が鬼気祭を沙汰する。	『吾妻鏡』
20	嘉禄3年(1227)6月18日	「豊後守忠久」左衛門尉惟宗忠義(後の忠時)に薩摩国守護職と付随する地頭職を譲与。	『島津家文書』1-26号
21	嘉禄3年(1227)6月18日	「島津豊後守従五位下惟宗朝臣忠久」、脚気と赤痢を患い亡くなる。	『吾妻鏡』

惟宗（島津）忠久の

	年月日	動向	出典
1	久寿2年(1155)正月26日	正六位上惟宗忠久（左京人）、左大臣藤原頼長の年給により「播磨少掾」に任じられる。	『除目大成』
2	治承3年(1179)2月8日	春日祭に随行した侍九人の一人として、「左兵衛尉忠久」が見える。	『山槐記』
3	治承4年(1180)5月6日	皇嘉門院聖子（藤原忠通娘）らの右近衛府真手結見物に、「左兵衛尉忠久」が供奉。	『玉葉』
4	元暦2年(1185)6月15日	源頼朝、「左兵衛尉惟宗忠久」を伊勢国波出御厨・同国須可荘の地頭職に補任。	『島津家文書』1-1・2号
5	元暦2年(1185)8月17日	源頼朝、「左兵衛少尉惟宗忠久」を島津荘下司職に補任。	『島津家文書』1-3号
6	文治2年(1186)正月8日	源頼朝、「左兵衛尉惟宗忠久」を信濃国塩田荘地頭職に補任。	『島津家文書』1-4号
7	文治2年(1186)4月3日	源頼朝、島津荘に対して「地頭惟宗忠久」の下知に従い荘民を安堵させるよう命じる。	『島津家文書』1-5号
8	文治3年(1187)5月3日	源頼朝、「島津庄惣地頭惟宗忠久（左兵衛尉）」に薩摩国牛院の郡司弁済使を宛行ったことを記す。	『島津家文書』1-7号
9	文治3年(1187)9月9日	源頼朝、「庄目代忠久」を「押領使」とする。	『島津家文書』1-8号
10	文治5年(1189)2月9日	源頼朝、「島津荘地頭忠久」に対して、庄官らを率いて7月10日以前に関東に参陣するよう命じる（奥州合戦）。	『島津家文書』1-9号
11	建久8年(1197)12月3日	源頼朝、「左兵衛尉惟宗忠久」を大隅薩摩両国家人奉行人（後の守護職）に補任する。	『島津家文書』1-11号

西御家人《ぜいごけにん》は九州下向を命じられる。島津氏も建治《けんじ》元年（一二七五）に、忠久の孫久経《ひさつね》が博多（福岡市）に下向し、これ以後九州を拠点としていく。薩摩国の守護所については諸説あるが、薩摩国北部の山門院《やまとのいん》木牟礼《きのむれ》城《じょう》（鹿児島県出水市《いずみし》高尾野町《たかおのまち》）付近、もしくは、薩摩国衙があった現在の薩摩川内市《さつませんだいし》中郷《ちゅうごう》周辺と想定されている。

　鎌倉期の御家人の多くがそうであったように、島津氏も分割相続をおこない、嫡男《ちゃくなん》だけでなくその兄弟も所領を譲られた。このため、三代久経の弟忠継《ただつぐ》から山田氏、忠経《ただつね》から伊《い》集院《じゅういん》氏・町田氏が分出し、四代忠宗《ただむね》の弟久長《ひさなが》は伊作《いざく》氏を名乗った。彼らは本家より早くそれぞれの名字の地に下向・土着して各地に基盤を築いていった。

第二章 島津貞久・氏久の治世

文保二年(一三一八)～嘉慶元年(一三八七)

伝島津氏久御影像
尚古集成館所蔵

六十代で鎌倉幕府の滅亡・建武の新政を迎えた貞久

島津貞久《さだひさ》（一二六九～一三六三）は、初代忠久《ただひさ》の玄孫、五代目にあたる。父は四代忠宗《ただむね》、母は島津氏と同じく鎌倉御家人で、筑後《ちくご》三池郷《みいけごう》の地頭三池木工介入道道智の娘「女名々」である。なお、三池氏は島津氏と同じく京都から鎌倉に下って御家人となった中原氏の嫡流《ちゃくりゅう》である。九州の御家人は、元寇以後、異国警固番役のため博多周辺に在住している期間が長く、薩摩国守護であった貞久も、鎌倉・博多・薩摩の間を行き来しつつ、薩摩国御家人を動員して異国警護にあたっていたようである。

貞久は六十代になってから激動の人生を迎えることになる。元弘《げんこう》元年（一三三一）八月、後醍醐天皇《ごだいごてんのう》（一二八八～一三三九）は鎌倉幕府打倒のため挙兵する（元弘の変）。九月には、幕府から貞久（これ以前に出家しており、上総入道道鑑《かずさにゅうどうどうかん》と呼ばれている）に対して「凶徒《きょうと》」退治を命じる御教書《みぎょうしょ》が出されており、薩摩の御家人を率いて畿内《きない》に出陣。その直前の八月九日には、嫡男宗久《ちゃくなんむねひさ》（一三二一～四〇）に薩摩国薩摩郡・山門院《やまとのいん》などの地頭職を譲っている。大きな合戦を予感して討死を覚悟しての所領譲与だったとみられるが、結果的に貞久は宗久よりも長生きすることになる。

　元弘の変は幕府軍によって鎮圧され、後醍醐天皇は隠岐島《おきのしま》（島根県）に流される。しかし、元弘三年（一三三三）閏《うるう》二月、隠岐から脱出した後醍醐は、伯耆船上山《ほうきせんじようざん》（鳥取県）で再度挙兵する。四月二十八日、後醍醐は島津貞久を大隅国守護職に補任する綸旨《りんじ》を発し、翌日付で足利高氏《あしかがたかうじ》（一三〇五～五八、後、後醍醐の諱《いみな》の一字を賜り尊氏と名乗る）は、貞久に勅命に応じて合力するよう求める書状を送っている。同様の誘いは、豊後守護大友貞宗《おおともさだむね》、肥後の阿蘇惟時《あそこれとき》にも出されており、有力御家人同士、九州の守護家らと接点のあった足利高氏が根回しをしていたとみられ、後醍醐に大隅国守護職補任状を出すよう進言したのも高氏であろう。

　この年五月七日、足利高氏らは六波羅探題《ろくはらたんだい》を攻め滅ぼし、同月二十一日には新田義貞《にったよしさだ》らによって鎌倉が陥落。鎌倉幕府は滅亡した。同月二十五日、島津貞久は薩摩国の御家人らを率いて博多に進攻し、少弐貞経《しょうにさだつね》・大友貞宗らと共に、幕府の出先機関である鎮西探題《ちんぜいたんだい》を攻め滅ぼした。

　戦後の論功行賞《ろんこうこうしょう》により、同年六月十五日、貞久は後醍醐から日向国守護職に補任され、建武《けんむ》政権成立後の建武元年（一三三四）四月二十八日には、改めて大隅国守護職に補任されている。建仁《けんにん》三年（一二〇三）に初代忠久が比企《ひき》の乱に縁座《えんざ》して解任されて以来、百三十一年ぶりの日向・大隅両国守護職の回復であった。

とはいえ、この百三十年間、日向・大隅両国は北条氏一門が守護職や地頭職を相伝しており、この地の地頭代《じとうだい》・国衙在庁《こくがざいちょう》（国衙の役人）・弁済使《べんさいし》（島津荘の現地支配人）らの多くは北条氏の被官《ひかん》であった。当然、建武の新政への反発も大きかった。建武政権成立直後には、島津荘日向方南郷（宮崎県都城市梅北町《うめきたちょう》・鹿児島県曽於市末吉町 南 之郷《そおしすえよしちょうみなみのごう》）を中心に、日向国南部から大隅国中・南部にかけての北条氏与党が謀叛《むほん》を起こし、鎮圧されている。

この謀叛の翌年、建武二年（一三三五）七月三日、貞久は後醍醐天皇の中宮職領であった島津荘大隅方寄郡《よせごおり》（大隅国内の島津荘のうち、年貢を荘園領主と国衙の両方に納入していた「寄郡」分）の預 所職《あずかりどころしき》に任じられる。預所職は、年貢納入など現地支配にあたる弁済使の補任権を持っており、北条氏残党の統制を期待されたのであろう。しかし、その後も貞久はこの地域の支配に苦労することになる。

足利尊氏の挙兵・室町幕府の成立と貞久の選択

建武二年（一三三五）八月、北条 高時《ほうじょうたかとき》遺児らによる反乱（中先代の乱《なかせんだいのらん》）鎮圧のため関東に下向した足利尊氏は、後醍醐の帰京命令に従わず、関東の実効支配を進めていく。これに対して後醍醐は、同年十一月、足利尊氏・直義《ただよし》兄弟の追討令を発し、内乱が勃発する。

在京していた貞久は、尊氏追討軍の東山道《とうさんどう》侍大将《さむらいたいしょう》として出陣するが、十二月十一日の箱根・竹ノ下《たけのした》合戦（神奈川県）で足利尊氏は、新田義貞率いる追討軍を撃破し、京都へと進軍する。この間、日向国守護職は尊氏によって貞久から大友氏泰《おおともうじやす》に改替《かいたい》されている。しかし、建武三年正月に尊氏が京都を占拠した時点で、貞久は足利方に転じている。

その後、足利方は、急遽陸奥《きゅうきょむつ》から上洛した北畠顕家《きたばたけあきいえ》勢らに敗れて九州に逃れることになり、貞久もこれに従っている。九州に上陸した足利尊氏らは、三月二日、多々良浜《たたらはま》の戦いで建武政権方の菊池武敏《きくちたけとし》らを撃破する。この時の軍功により、三月十七日、尊氏は貞久に対して薩摩国川辺郡《かわなべぐん》（鹿児島県南九州市）や島津荘大隅方本庄（島津荘のうち、荘園領主が一円支配をおこなう地域）を宛行《あてが》っている。

足利尊氏は、四月には再度京都を制圧すべく東上を開始するが、貞久は分国《ぶんこく》への下向を命じられる。日向国には足利尊氏領や尊氏室登子《とうし》領が散在しており、これらが建武政権方の肝付兼重《きもつきかねしげ》らによって押領《おうりょう》されつつあった。こうした抵抗勢力討伐が貞久に求められたのであり、日向国には足利一門の畠山直顕《はたけやまただあき》が大将として同時に派遣されている。

南朝方との抗争

九州を発った足利尊氏らは、持明院統光厳上皇《じみょういんとうこうごんじょうこう》の院宣《いんぜん》を受けて正統性を確保すると、建武三年（一三三六）五月二十五日には湊川《みなとがわ》の戦いで楠木正成《くすのきまさしげ》らを撃破し、六月に入京を果たす。延元《えんげん》元年に改元し、八月には光厳上皇の弟光明天皇《こうみょうてんのう》が践祚《せんそ》するが、後醍醐天皇は三種の神器を持って京都を脱出し、十二月には大和国吉野《やまとのくによしの》（奈良県）に朝廷を置く。

これにより、南朝と北朝、二つの皇統が並び立つ南北朝時代が始まる。この間、十一月には尊氏が「建武式目《けんむしきもく》」を定めて武家政権の基本方針を示し、室町幕府が成立している。

薩摩に下向した貞久は、一族らに命じて大隅の肝付兼重とその与党討伐に乗り出し、建武三年五月から六月にかけて、肝付氏の拠点大隅加瀬田城《かせだがじょう》（鹿児島県鹿屋市輝北町《かのやしきほくちょう》）を攻略し、肝付氏の日向国内の本拠である三俣院高城《みまたいんたかしろ》（宮崎県都城市高城町《たかじょうちょう》）攻略を図る畠山直顕の支援にもあたっている。

こうして、翌延元二年（一三三七）正月までに肝付兼重は没落し、いったんは安定化した。この間、京都からは畿内への派兵を命じられており、貞久の庶長子《しょちょうし》頼久《よりひさ》（川上氏祖）や一族の伊作宗久《いざくむねひさ》らを派遣している。

しかし、建武四年（一三三七）三月、南朝が九州南部に派遣した公家の三条泰季《さんじょうやすすえ》が薩摩上陸を果たした。泰季は島津氏庶流《しょりゅう》の伊集院氏や谷山氏といった薩摩半島の反島津方国人の組織化に成功し、「守護町《しゅごまち》」（現在の鹿児島県薩摩川内市の碇山城《いかりやまじょう》付近ヵ）や、伊作氏や二階堂《かいどう》氏といった足利方国人を攻撃するなど、攻勢を強めている。

これにより息を吹き返した大隅の肝付兼重も、日向南部の野辺《のべ》氏らと協力し、大隅国府（鹿児島県霧島市）に進出し、貞久は大隅支配どころか薩摩支配も覚束なくなる。加えて、同年八月に足利直義（尊氏弟）から動員を受けた貞久は、上洛して畿内各地を転戦しており、兵力が畿内と薩摩に分散した島津氏は劣勢であった。

そんななか、貞久と共に畿内を転戦していた嫡男宗久が、暦応《りゃくおう》三年（一三四〇）正月に十九歳で没する。同年三月、ようやく帰国を認められた貞久は薩摩に戻り、南朝方追討に乗り出し、八月には市来《いちき》・伊集院（鹿児島県日置市）を、翌暦応四年閏四月には、東福寺城《とうふくじじょう》・催《せ》馬楽城《ばるじょう》など現在の鹿児島市中心部の南朝方拠点を制圧し、錦江湾に面する要地を確保する。

貞久の帰国により武家方優位に傾きつつあった薩摩半島であったが、興国《こうこく》三年（一三四二）五月、後醍醐天皇の皇子懐良親王《かねよししんのう》が征西《せいせい》将軍として薩摩上陸を果たし、再び南朝方は勢いを取り戻す。懐良のもとに結集した南朝方は武家方を圧倒し、貞久の守護所《しゅごしょ》千台《せんだい》（同県薩摩川内市）に迫っていた。

分裂する足利家と貞久の決断

その頃、畿内では足利家執事高師直《こうのもろなお》を中心とする武家方が南朝方を圧倒しつつあった。その一方で足利尊氏の弟直義と高師直の対立が表面化し、貞和《じょうわ》五年（一三四九）八月、高師直がクーデターを起こし、直義を失脚させる。直義の養子として長門探題に抜擢されていた足利直冬《あしかがただふゆ》（尊氏庶長子）は、九州に逃れ、肥後国人川尻氏に迎えられる。

直冬は、両殿（尊氏・直義）の意向と称して九州の武家方国人に広く軍勢催促をおこなった。南朝方に苦戦し新たな結集軸《けっしゅうじく》を欲していた武家方守護・国人の多くはこの動員に応じ、「直冬方」勢力が急速に形成されていく。同年十二月末、足利尊氏は九州の武家方諸将に直冬の誅伐を命じ、観応《かんのう》元年（一三五〇）十月、尊氏は高師直と共に、直冬討伐のため京都を出陣する。この隙を狙って失脚していた足利直義が挙兵し、「観応《かんのう》の擾乱《じょうらん》」が勃発する。

九州の武家方は、尊氏方と直冬（直義）方に分裂し、征西将軍宮方《みやがた》との三つ巴の抗争に突入する。島津氏は一族の一部に直冬方となった者もあったが、貞久は観応二年（一三五一）八月に島津荘大隅方寄郡を安堵《あんど》され、鎮西管領一色氏《ちんぜいかんれいいっしきし》とともに尊氏方の立場を貫く。一方、隣国日向の守護になっていた畠山直顕は直冬方となり、対立していく。畠山直顕は大隅国の武家方国人の多くを味方につけ、島津氏の支配は停滞していく。

しかし、中央情勢の変化が大きな転換点となる。観応二年＝正平《しょうへい》六年十一月、足利尊氏は南朝と講和し、直義討伐のため関東に出陣する。いわゆる「正平一統《しょうへいいっとう》」である。尊氏はこれを貞久にも通報し、貞久は征西将軍宮懐良親王と和睦《わぼく》する。

これにより貞久は、長年対立していた薩摩半島の宮方国人とも和睦し、大隅進出のチャンスを獲得した。これを実行に移したのが、貞久の三男氏久《うじひさ》（一三二八〜八七）である。

師久・氏久への権限移譲

正平一統実現時、貞久は八十三歳になっており、中風《ちゅうふう》（脳卒中の後遺症）で陣頭に立てる状態ではなくなっていた。観応三年（一三五二）六月、貞久は「老体病気」を理由に二人の息子を薩摩・大隅両国に派遣することを幕府に通知し、隠居する。

南北朝期島津氏略系図

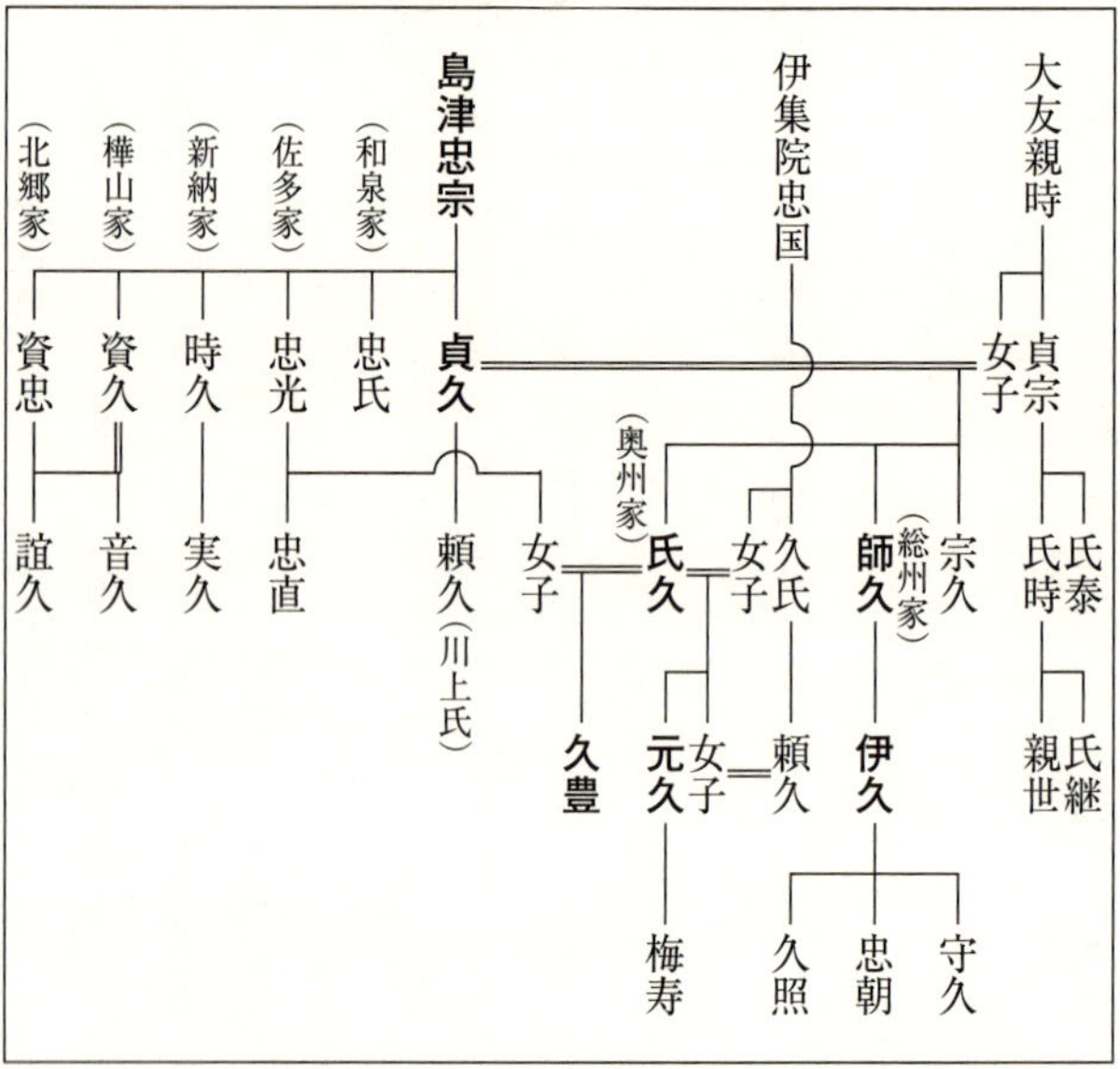

薩摩国を譲られたのは二男師久《もろひさ》（一三三五～七六）、大隅国を譲られたのは三男氏久（一三二八～八七）であった。

この頃の守護島津氏の勢力圏と敵対勢力を確認しておきたい。貞久は薩摩国薩摩郡の碇山《いかりやま》城（鹿児島県薩摩川内市）を本拠としており、隠居後は山門院《やまとのいん》の木牟礼《きのむれ》城《じょう》（同県出水市高尾野町）に在ったとみられる。この両所が支配の中心であるが、薩摩郡の川内川《せんだいがわ》中流域には祁答院《けどういん》氏・入《いり》来《き》院《いん》氏・東郷《とうごう》氏といった渋谷一族がおり、たびたび島津氏と敵対した。

山門院近隣の和泉《いずみ》郡にも和泉氏ら

宮方国人が多くおり、征西将軍宮懐良親王が一時拠点を置いた薩摩半島の支配は困難を極めた。薩摩半島北端には伊集院氏や市来氏、谷山郡《たにやまぐん》には谷山氏、知覧院《ちらんいん》の知覧氏、加世田別府《かせだべっぷ》の別府氏、揖宿郡《いぶすきぐん》の指宿《いぶすき》氏といった懐良を奉じた宮方国人が盤踞《ばんきょ》しており、武家方は薩摩半島西部、伊作荘（同県日置市吹上町）の島津氏庶流《しょりゅう》伊作氏、阿多郡《あたぐん》（同県南さつま市金峰町）の二階堂氏など少数であった。

そんななか、薩摩半島付け根の鹿児島郡は数少ない島津氏の拠点であり、大隅国守護職と島津荘大隅方を譲られた氏久は、あわせて薩摩国鹿児島郡と揖宿郡を譲られている。既述のように大隅国は宮方や直冬方の畠山直顕の勢力圏であり、島津氏の支配は実現できていなかった。氏久は鹿児島郡の海に面した丘陵上にある東福寺城（鹿児島市清水町《しみずちょう》）を本拠とし、大隅国奪回の拠点とした。

師久・氏久兄弟の「外交戦略」

正平一統にあわせて南朝方＝宮方に帰順した貞久・氏久は、それまで敵対していた宮方との連携に成功する。そして彼らと連携し、観応三年（一三五二）七月には大隅国隈本城《くまもとじょう》（鹿児島県霧島市隼人町《はやとちょう》カ）・栗野北里城《くりのきたざとじょう》（同県始良郡湧水町《あいらぐんゆうすいちょう》）を攻略している。

中央では正平一統が短期間に瓦解し、西日本統治を担った足利尊氏の嫡男義詮《よしあきら》（一三三〇〜六七）は、島津氏にたびたび、将軍家御台所《みだいどころ》領（義詮の母登子領）となっていた島津荘日向方穆佐院《むかさいん》（宮崎県宮崎市高岡町）を押領する畠山直顕討伐を命じている。師久・氏久兄弟も表向きは尊氏方を標榜し、たびたび幕府に敵味方交名《てきみかたきょうみょう》（名簿）を提出し、薩摩・大隅両国の直冬方＝畠山方の勢力が強大であることを強調し、将軍の九州親征を求めている。

その一方で、氏久は宮方国人との連携も続けており、文和《ぶんな》四年（一三五五）四月には宮方の伊集院・谷山両氏とともに錦江湾を渡って大隅国下大隅郡（鹿児島県垂水市《たるみずし》）に進攻しており、翌年十月には、宮方の公家三条泰季《やすすえ》と連携して大隅国始羅《しら》郡（同県始良市）に進攻している。

こうした動きに呼応して、懐良親王を支える菊池武光《きくちたけみつ》は、正平十三年（一三五八）十一月に日向国に進攻し、十二月までに畠山直顕の拠点である穆佐院と三俣院（宮崎県都城市高城町）を攻略する。没落した畠山氏は延文《えんぶん》五年（一三六〇）六月、氏久に同心を求めており、氏久の大隅支配を認めざるを得なくなったとみられる。

貞久の抗議と死

征西将軍府勢力との抗争に敗れて鎮西管領一色氏が九州から退去した後、延文五年（一三六〇）三月、将軍足利義詮《あしかがよしあきら》は足利一門の斯波氏経《しばうじつね》を鎮西管領に抜擢する。

氏経の下向に際し、義詮は九州内の寺社本所領《じしゃほんじょりょう》半済給付権《はんぜいきゅうふけん》（年貢の半分を配下の武士に給与する権利）と闕所地預置権《けっしょちあずけおきけん》（没収した敵方所領を配下の武士に恩賞として預ける権利）を氏経に与える。その適応国は、武家方と認識されていた少弐頼尚《しょうによりひさ》・大友氏時・畠山直顕の分国を除外していたが、なぜか島津氏の分国である薩摩・大隅両国は除外されなかった。

この頃病床にあった島津貞久は、この処置に激怒し、康安《こうあん》二年（一三六二）六月、幕府に長文の抗議文を送り、撤回を求めた。抗議を受けた足利義詮は対応を斯波氏経に丸投げするが、氏経の九州経営は破綻し、貞治《じょうじ》二年（一三六三）七月頃、九州から退去している。

注目すべきは貞久の抗議文にみえる、貞久独自の薩摩・大隅・日向三か国への領有観である。貞久は源頼朝から初代忠久宛の下文など証拠書類を添付した上で、薩・隅・日三か国は忠久が頼朝から宛行われた〝名字之地《みょうじのち》〟である島津荘に含まれる故に、島津氏は三か国全域に支配権を有すると主張した。三か国内には島津荘以外の荘園も多くあり、貞久の認識は事実と異なるが、こうした分国観・領有観が氏久以下の島津氏歴代当主に受け継がれ、薩隅日三か国全域の支配が島津氏にとっての権利と認識されていく。

この抗議の翌年、貞治二年（一三六三）四月、貞久は師久・氏久ら子女に守護職と所領を正式に譲り、同年七月三日に没している（享年九十五）。

中国大陸との交易を目指す氏久

貞治二年（一三六三）五月、大隅《おおすみ》大姶良《おおあいら》城《じょう》（鹿児島県鹿屋市）にて氏久の長男元久《もとひさ》が誕生している。母は宮方国人伊集院忠国《いじゅういんただくに》の娘であり、宮方との連携のなかで両氏の婚姻が成立したこと、氏久の居城が鹿児島東福寺城から大隅半島中部に移っていたことがわかる。

この頃から氏久は、独自の判断で大隅中部の所領を自らの被官や島津方国人に宛行っており、独自の知行制《ちぎょうせい》を確立しつつあった。そして、これからまもなく、氏久は居城を日向国南端の救仁院《くにいん》志布志城《しぶしじょう》（鹿児島県志布志市）に移したようである。この時点で氏久は日向国守護ではなく、所領も有していなかったが、島津荘の外港として古くから東九州沿岸航路の拠点で、種子島《たねがしま》・琉球方面への航路の起点ともなっていた要港志布志津を、独自の判断で領有するに至ったようである。氏久は、志布志津の支配に関わっていた宝満寺《ほうまんじ》・大慈寺《だいじじ》を庇護し、中国大陸との交易を目指していく。

応安《おうあん》四年（一三七一）、懐良親王は明の洪武帝《こうぶてい》の朝貢要請に応じて使僧《しそう》を派遣し、翌年五月、懐良を「日本国王」に冊封《さくほう》するための使者が来日している。この時すでに博多は新たに九州探題に任じられた今川了俊《いまがわりょうしゅん》の手に落ちており、冊封使《さくほうし》は京都に回送されるが、明はこれをなかなか撤回しなかった。応安七年、将軍足利義満《あしかがよしみつ》は明に使節を派遣するが、氏久も独自に入貢している。これ以降、「日本国王良懐」名義で明に派遣された使節は、九州探題今川了俊と、宮方に通じた島津氏久両方の偽使が混在していたとみられる。

なお、応安七年の入明では、朝貢こそ認められなかったが、同時に入明した氏久が庇護する大慈寺の住持《じゅうじ》剛中玄柔《ごうちゅうげんじゅう》の弟子は、宋版大蔵経《そうはんだいぞうきょう》二セットの獲得に成功している。剛中玄柔は後に京都東福寺《とうふくじ》五十四世住持となっており、大蔵経一セットを東福寺に施入《せにゅう》した。東福寺の塔頭《たっちゅう》即宗院《そくしゅういん》は、嘉慶《かけい》元年（一三八七）に氏久の菩提《ぼだい》を弔うため、剛中玄柔が建立したものである。

九州探題今川了俊との抗争

応安三年（一三七〇）に九州探題に抜擢された今川了俊は、応安五年正月に九州上陸を果たし、同年八月には征西将軍府勢力から大宰府《だざいふ》（福岡県太宰府《だざいふ》市）を奪回。応安八年には征西将軍府を支える菊池氏の本拠である隈府《わいふ》（熊本県菊池市）を攻略すべく、肥後に進攻する。了俊は九州の三守護家である少弐冬資《しょうにふゆすけ》・大友親世《おおともちかよ》・島津氏久・伊久《これひさ》（師久長男、氏久甥）に肥後出陣を命じる。大友・島津両氏はこれに応じるが、少弐冬資だけ参陣しなかった。これを氏久が説得し、八月に肥後水島陣《みずしまのじん》（熊本県菊池市）に冬資は参陣するが、同月二十六日、了俊は宴席で冬資を謀殺してしまう（水島の変）。

これに激怒した氏久は、「九州三人面目を失う」として帰国。まもなく宮方に寝返る。氏久の離反は、これだけが理由ではなく、先述のように「日本国王良懐」名義による明への遣使をめぐって了俊と競合していたことも背景にあろう。

永和《えいわ》二年（一三七六）八月、了俊の要請により将軍足利義満は、島津氏久・伊久退治を命じる御判御教書《ごはんのみぎょうしょ》を発するとともに、薩摩・大隅両国守護職を了俊に改替《かいたい》している。了俊は息子の今川（入野）満範《みつのり》を肥後人吉《ひとよし》に派遣して、相良《さがら》氏をはじめとする反島津方国人の組織化を図り、島津氏包囲網を築こうとした。

一方氏久は、幕府に対して独自外交を展開して、永和三年九月には武家方に復帰するが、了俊の動員には応じず、永和四年再び追討対象となる。今川満範は組織された南九州国人一揆の軍勢を率いて日向国庄内（都城盆地）に進攻し、同年末には氏久の従兄弟北郷誼久《ほんごうよしひさ》・樺《かば》山音久《やまおとひさ》らが籠もる都城（宮崎県都城市）を包囲する。氏久は都城救援のため志布志から出陣し、翌永和五年三月、都城城下の本《もと》の原《ばる》にて一揆勢と衝突し、これに勝利した（都城合戦、蓑原《みのばる》合戦）。これ以後、戦線は膠着し、庄内を中心に今川方一揆勢と島津勢の小競り合いが続いていく。

肥後では了俊による攻勢が続き、永徳《えいとく》元年（一三八一）六月には菊池氏の本拠隈府が陥落するが、九州南部では徐々に今川方国人一揆の結束は崩れていった。氏久も幕府と独自交渉を進め、永徳元年（一三八一）十月、同二年十月、至徳《しとく》三年（一三八六）正月の三度にわたり武家方に復帰している。その都度了俊は氏久に出頭を命じるが、氏久は二度と了俊のもとに参陣することはなかった。

幕府側も日向国内の幕府領確保のためには島津氏の帰順が望ましく、至徳元年（一三八四）

四月には、管領斯波義将《しばよしまさ》が氏久に天龍寺領《てんりゅうじりょう》日向国国富荘《くどみのしょう》(宮崎市佐土原町《さどわらちょう》)の遵行《じゅんぎょう》(所有権が確定した土地を所有者に引き渡すこと)を命じ、同年八月には大隅国への御祓《おはらい》・大嘗会《だいじょうえ》用途の反銭《たんせん》徴収を命じている。幕府としても氏久の日向・大隅両国の実効支配を認めざるを得ない状況にあったのだろう。

こうして了俊との抗争を続けつつ、着実に大隅・日向領国支配を進めつつあった氏久は、至徳《しとく》四年(一三八七)閏五月四日、本拠志布志にて没しており(享年六十)、大慈寺の塔頭《たっちゅう》即心院《そくしんいん》に葬られた。了俊との抗争、幕府との関係改善は、長男元久に引き継がれる。

第三章

島津元久・久豊の治世

嘉慶元年(一三八七)~応永三十二年(一四二五)

島津元久
尚古集成館所蔵

九州探題今川了俊との抗争に勝利

島津元久《しまづもとひさ》（一三六三～一四一一）は、島津氏久《しまづうじひさ》の長男で母は伊集院忠国《いじゅういんただくに》の娘。前項で述べたように、父氏久の居城大姶良城《おおあいらじょう》（鹿児島県鹿屋市）で誕生している。島津久豊《ひさとよ》（一三七五～一四二五）は、元久の異母弟で母は氏久の叔父佐多忠光《さたただみつ》の娘である。この兄弟の時、本来は庶子家であった島津氏久を祖とする奥州家《おうしゅうけ》が、薩摩・大隅・日向三か国守護職を兼帯《けんたい》し、〝三州太守《さんしゅうたいしゅ》〟を自認する基礎を築いた。

父氏久が至徳四年（一三八七）閏五月に没して、嫡男元久が家督を継承するが、いまだ九州探題今川了俊との抗争が続いていた。既に幕府は、父氏久に日向国内所領の遵行《じゅんぎょう》（相論地を所有者に引き渡すこと）を命じたり、大隅国内への段銭賦課《たんせんふか》を命じたり、実質的な守護と認めていたが、了俊からの参陣命令には応じず、独自路線を貫いていた。

氏久が没した直後の嘉慶《かけい》元年（一三八七）九月、幕府は大隅国人禰寝氏《ねじめし》に対して「島津以下凶徒」を退治するよう命じ、翌嘉慶二年二月には、探題今川了俊が日向国守護職を兼務し、島津氏退治のため了俊の弟今川氏兼《いまがわうじかね》が日向に派遣されている。

その一方で、幕府は明徳《めいとく》二年（一三九一）八月、元久に対して、日向国穆佐院《むかさいん》・三俣院《みまたいん》等の押領人を退け、相国寺雑掌《しょうこくじざつしょう》に遵行するよう命じており、この頃元久は日向国守護職に補任されていたと理解されている。幕府と了俊とで対島津元久政策の矛盾が窺える。

幕府はこの頃、元久に上洛を求めていたようであり、明徳四年（一三九三）六月、元久は相国寺領三俣院を押領する高木氏退治のため上洛が遅れる旨、幕府に釈明している。反島津＝探題方国人一揆との抗争は依然として続いており、応永《おうえい》元年（一三九四）七月には、庄内《しょうない》野々三谷城《ののみたにじょう》（宮崎県都城市）をめぐる攻防で、探題方の相良前頼《さがらさきより》を討ち取っている。

こうした動きに対し、幕府は応永元年八月十六日、今川了俊や九州南部の国人に、島津伊《これ》久《ひさ》・元久の退治を命じている。その一方で、今川了俊は苦境に立っていた。この頃、豊後国では守護大友親世《おおともちかよ》と庶子家田原《たわら》・吉弘《よしひろ》両氏との対立が表面化し、了俊は田原・吉弘両氏を支援し、大友親世は大内義弘《おおうちよしひろ》や島津伊久・元久と連繫《れんけい》する。これにより軍事的劣勢に陥った了俊は、応永二年には博多から肥前国小城《おぎ》（佐賀県小城市）に退去していた。

やむなく将軍足利義満《あしかがよしみつ》は、応永二年七月、了俊の京都召還を命じ、八月中旬には帰京した。そして、翌応永三年二月頃には九州探題を解任されている。これにより島津氏の分国支配最大の障害は、幕府によって排除された。

なお、応永元年、元久は石屋真梁《せきおくしんりょう》（伊集院忠国子息、元久の叔父）を開山《かいざん》として、鹿児島に玉龍山福昌寺《ぎょくりゅうざんふくしょうじ》（鹿児島市池之上町《いけのうえちょう》）を創建する。これ以前に、元久は本拠を志布志から鹿児島に移し、清水城《しみずじょう》（同市稲荷町）を築いたとみられる。以後、同城が戦国期に至るまで奥州家の居城となり、福昌寺は同家の菩提寺となって近世末まで続いていく。

入来院氏討伐と両島津家の対立

今川了俊が探題を解任されると、元久は島津総州家《そうしゅうけ》伊久（元久の従兄弟）と共に、今川方一揆の中心人物入来院重頼《いりきいんしげより》討伐に乗り出し、応永三年（一三九六）四月、入来院氏の本拠清《きよ》色城《しきじょう》（鹿児島県薩摩川内市入来町）を制圧する。

この頃から、総州家と奥州家の統合が模索されたようであり、元久は総州家から室を迎え、総州家伊久の三男久照《ひさてる》を養嗣子《ようしし》とした。伊久は長男守久《もりひさ》と対立していたとされ、ゆくゆくは総州・奥州両家を久照が継承する予定だったのだろう。元久にも嫡男梅寿《ばいじゅ》（一三七九〜一四四五）がいたが、明徳四年（一三九三）に出家し、後年、福昌寺三世住持となっている（仲翁守邦《ちゅうおうしゅほう》）。

しかし、応永六年（一三九九）末頃から元久と養嗣子久照の関係が悪化し、翌年、総州家出身の室と久照は鹿児島を退去する。これにより総州・奥州両家の対立は決定的となった。翌応永七年七月、了俊に代わって九州探題となった渋川満頼《しぶかわみつより》は、元久に対して総州家との確執を足利義満が憂慮していることを伝え、同月、足利義満は日向国を幕府「料国《りょうごく》」つまり直轄国とすることを宣言し、九州南部情勢に介入する姿勢を示した。

こうした懸念にもかかわらず、応永八年（一四〇一）には総州家伊久が敵対していた渋谷一族（入来院・祁答院《けどういん》・東郷《とうごう》・高城《たき》）と連携し、奥州家との抗争に突入している。九月には、唯一奥州家方となった鶴田氏を総州家方が攻撃し、救援に赴いた元久は大敗を喫している。

日明勘合貿易の開始と足利義満の奥州家元久優遇

応永九年（一四〇二）八月、足利義満は総州家伊久に対し、九州海賊の明への狼藉《ろうぜき》行為（いわゆる倭寇《わこう》）を禁じ、その追討を命じている。義満は応安七年（一三七四）以降、明との国交樹立とそれに伴う勘合貿易の開始を目指しており、倭寇の拠点であった九州南部の安定化は不可欠であった。そのためにも両島津家の抗争を収束させる必要があった。

応永八年（一四〇一）八月、義満は「日本准三后道義《にほんじゅさんごうどうぎ》」の名義で明に使節を派遣し、翌年、義満を「日本国王」とする国書がもたらされ、国交が樹立された。明の永楽帝は、応永十年（一四〇三）に義満を正式に「日本国王」として冊封《さくほう》し、永楽勘合《えいらくかんごう》を与えた。これにより日明勘合貿易が始まる。日本側からの主要輸出品の一つに硫黄があり、その最大の産出地は薩摩国硫黄島《いおうじま》（鹿児島郡三島村《みしまむら》）であり、この島と硫黄の積出港である坊津《ぼうのつ》（鹿児島県南さつま市坊津町）は、伊集院氏の実効支配下にあったとみられる。元久の母は伊集院氏であり、元久の妹も伊集院頼久《いじゅういんよりひさ》に嫁ぐなど、伊集院氏と島津奥州家は重縁《じゅうえん》を結んでいた。硫黄の安定供給を望む義満は、島津奥州家との関係を重視した。

応永十一年（一四〇四）六月二十九日、義満は日向・大隅両国守護職を元久に安堵する。奥州家による両国実効支配を追認したものであろう。

島津奥州家の勝利と元久の死による三か国守護職の兼帯実現

応永十四年（一四〇七）四月、対立していた島津総州家伊久が没すると、元久は総州家の本拠薩摩国千台《せんだい》（鹿児島県薩摩川内市）を制圧し、総州家を没落させた。

幕府から上洛を求められていた元久は、義弟伊集院頼久を応永十四年に上洛させたが、足利義満は翌応永十五年五月に没している。伊集院頼久は京都に屋形を建設するとともに、義満の後継足利義持《あしかがよしもち》にも拝謁《はいえつ》し、幕府との取次を担った赤松氏（赤松義則《あかまつよしのり》カ）と共に元久上洛の準備を進めた。応永十六年（一四〇九）九月十日、足利義持は、元久を薩摩国守護職に補任し、薩摩・大隅・日向三か国守護職を元久が兼帯するに至った。この守護職補任も、上洛中の伊集院頼久による交渉の結果であろう。

翌応永十七年六月、元久は御一家《ごいっか》（島津氏庶子家）・国衆《くにしゅう》（非島津氏の国人）・御内《みうち》（島津氏被官）と共に、多くの唐物《からもの》を携えて上洛し、義持に拝謁している。

応永十八年（一四一一）七月以前、元久は京都から帰国したが、一度は没落していた入来《いりき》院重長《いんしげなが》が清色城を回復していた。元久は再度入来院氏討伐に乗り出すが、出陣中に体調が悪化し、八月六日に鹿児島にて没した（享年四十九）。男子が出家していた元久は、生前妹と伊集院頼久の間に生まれた初犬千代丸《はついぬちよまる》（後の為久《ためひさ》・熙久《ひろひさ》カ）に家督を譲る意向を示しており、御一家・御内もこれを了承していたとみられる。

島津久豊による家督奪取

伊集院初犬千代丸の家督継承に異を唱えたのが、元久の異母弟久豊《ひさとよ》である。今川了俊が九州探題を解任されてまもなく、元久は今川方国人が盤踞《ばんきょ》していた日向国山東《さんとう》（宮崎平野）へ進出している。

応永六年（一三九九）頃、元久は大淀川《おおよどがわ》南岸一帯（山東河南《かなん》）を制圧し、この地の支配を任せるべく異母弟の久豊を穆佐城（宮崎県宮崎市高岡町《たかおかちょう》）に配置した。しかし、久豊は敵対していた伊東祐安《いとうすけやす》の娘を室に迎え、応永十年（一四〇三）五月には長男忠国《ただくに》（初名貴久《たかひさ》）、同十八年には二男持久《もちひさ》（初名好久《よしひさ》）が誕生している。こうした独自外交のせいか、兄元久との関係は悪化し、元久方との抗争も勃発している。

応永十七年に元久が上洛する際、久豊は長男忠国を元久に見参させ、和睦が成立するが、同年五月、久豊は霧島六所権現に対して「国務」拝領を祈願している。この時点で久豊は元久の後継を狙っていたようである。

応永十八年（一四一一）九月から十月頃、島津久豊は日向穆佐城から長駆《ちょうく》鹿児島に入り、伊集院氏から兄元久の位牌を奪い、守護所鹿児島を占拠する。この強引な家督継承に反発した初犬千代丸の実父伊集院頼久は、大隅国衆の肝付《きもつき》氏や旧薩摩国守護家の島津総州家忠朝《ただとも》（伊久弟）・久世《ひさよ》（伊久孫）と連携して反久豊派を形成した。

同年閏《うるう》十月、久豊は兄が創建した菩提寺福昌寺の寺領《じりょう》を安堵し、家督継承の正統性をアピールするが、翌応永十九年には、穆佐城をはじめとする日向国山東の諸城が甥の伊東祐立《いとうすけはる》によって攻略され、苦境に立たされている。

応永二十二年（一四一五）、久豊は一族の伊作勝久《いざくかつひさ》の仲介により、反久豊方の一角薩摩国川辺《かわなべ》（鹿児島県南九州市川辺町）を拠点とする島津総州家久世と和睦し、翌応永二十三年十二月に久世を鹿児島に迎える。しかし、久豊は久世の宿舎を包囲して川辺割譲を迫った。翌応永二十四年正月、久世は切腹して果てる（一説には、応永二十三年切腹）。本来の惣領家嫡男を自害に追い込んだことを悔いた久豊は、出家して「存忠《ぞんちゅう》」と名乗っている。

応永二十四年九月、久世の旧領川辺に進攻した久豊は、伊集院勢に大敗を喫するも、九月二十日の谷山の戦いで伊集院方に勝利し、翌年までに伊集院氏と和睦している。その後、久豊は伊作勝久と連携して、南蛮船がたびたび来航していた万之瀬川《まのせがわ》河口付近（同県南さつま市金峰町《きんぽうちょう》・南さつま市加世田《かせだ》）を制圧し、応永二十七年までに薩摩半島南部全域を制圧したとみられる。

応永二十六年と同二十七年には、総州家の拠点千台に進攻し、総州家忠朝を降伏させている。なおこの時、総州家忠朝が所持していた島津氏惣領家相伝の文書類（現在の国宝「島津家文書」の中核部分）を譲り受けており、島津奥州家が惣領家としての体裁を整えていく。

そして、応永二十八年（一四二一）もしくは同二十九年、久豊は足利義持から薩隅日三か国守護職と官途（陸奥守《むつのかみ》カ）を安堵されている。

島津元久・久豊と二代にわたって薩摩・大隅・日向三か国守護職に補任されたことと、島津氏惣領家が奥州家となったことで、三か国守護職は奥州家の「家職」となり、奥守家《おうしゅけ》家督と一体化していく。この一体化した地位は〝三州太守《さんしゅうたいしゅ》〟と表現されるようになる。

日向国山東奪回計画と久豊の死

守護職安堵により薩摩・大隅両国の安定化に成功した久豊は、本来の拠点であった日向国山東の奪回に動き出す。久豊はみずから日向国東海岸沿いに北上し、日向西部の国衆北原氏、庄内（都城盆地《みやこのじょうぼんち》）の御一家・国衆も動員し、三方から山東に進攻した。

　応永三十一年（一四二四）正月、加江田車坂城《かえだくるまざかじょう》（宮崎市学園木花台南《がくえんきばなだいみなみ》）を攻略した久豊は山東河南（大淀川南岸）の再領有に成功するが、翌応永三十二年（一四二五）正月二十二日、病を得た久豊は鹿児島にて没する（享年五十一）。山東奪回の使命は穆佐城で誕生した長男忠国に引き継がれるが、それが忠国自身を苦境に立たせることになる。

第四章

島津忠国・立久の治世

応永三十二年（一四二五）～文明六年（一四七四）

島津忠国
尚古集成館所蔵

伊東祐立の反逆と穆佐城からの退去

島津忠国《しまづただくに》（初名貴久《たかひさ》、一四〇三〜七〇）は、島津久豊《しまづひさとよ》の長男で、母は日向国都於郡城《とのこおりじょう》（宮崎県西都市《さいと》）を本拠とする国衆伊東祐安の娘。久豊が穆佐城主時代に、同城（同県宮崎市高岡町）で誕生しており、城内には誕生時に植えたと伝えられる〝誕生杉〟が昭和まで残っていた。

応永十八年（一四一一）に父久豊が家督を奪取すべく鹿児島に進攻した際、忠国は弟持久《もちひさ》（初名好久《よしひさ》、一四一一〜五九）と共に穆佐城に残った。しかし、久豊の甥伊東祐立《いとうすけはる》（祐安長男）は久豊がいない隙を突いて山東河南（大淀川南岸）に突如進攻する。

応永十九年（一四一二）九月、伊東勢が島津方の曽井城《そいじょう》（宮崎市恒久《つねひさ》）を包囲して勃発した曽井・源藤合戦で、山東の守備にあたっていた島津氏一族の樺山《かばやま》・北郷《ほんごう》両氏らは大敗を喫し、忠国・持久兄弟とその母（久豊室）は末吉（鹿児島県曽於市末吉町《そおしすえよしちょう》）に退去を余儀なくされた。

父久豊は、伊集院氏や島津総州家との抗争を制し、応永末年に幕府から三か国守護職《しゅごしき》を安堵され、応永三十一年（一四二四）には山東河南の回復にも成功するが、道半ばにして応永三十二年正月に没する。

まもなく、忠国が家督を継承したようであり、同年八月二十八日、忠国は足利義持《あしかがよしもち》から薩隅日三か国守護職に補任される。

山東進攻と国一揆の勃発

家督を継承した忠国が目指したのは、父久豊が果たせなかった山東制圧＝伊東氏を従属させることであった。永享《えいきょう》四年（一四三二）、忠国は大軍を派遣し、同年六月には伊東祐立の居城都於郡城近くに布陣する。

しかし、この間隙《かんげき》を突くかのように、薩摩国で伊集院熙久《いじゅういんひろひさ》（久豊と家督を争った初犬千代丸カ）を中心とする反島津方国人《こくじん》が蜂起する（国一揆《くにいっき》と呼ばれた）。それでも忠国は山東進攻を継続したが、同年七月、河骨合戦《かわぼねかっせん》（宮崎市高岡町）で大敗を喫する。さらに、永享六年九月にも木脇《きわき》（宮崎県東諸県郡国富町《ひがしもろかたぐんくにとみちょう》木脇《きわき》）の戦いで勝利を得られず、伊東氏とは和睦が成立している。国一揆対策のため和睦せざるを得なかったのであろう。

永享四年七月、幕府では遣明船船載用硫黄《けんみんせんせんさいよういおう》の調達のため薩摩に下向していた硫黄奉行瑞書記の報告により、国一揆の勃発と島津忠国苦戦の状況を知る。硫黄の産出地である硫黄島（鹿児島県鹿児島郡三島村）と積出港《つみだしこう》の坊津《ぼうのつ》は、国一揆の中心伊集院煕久の支配下にあった。このため、幕府が忠国に命じていた硫黄十五万斤《きん》の調進が難しくなったのである。伊集院煕久は幕府から直接硫黄調進を命じる御教書《みぎょうしょ》を獲得しようと、瑞書記に働きかけていたようである。硫黄を楯に守護島津氏からの自立を模索していたとみられる。

忠国の失脚と弟持久の台頭

こうした動きに危機感を覚えた一部の島津氏御一家・国衆《くにしゅう》・御内《みうち》は、永享六年（一四三四）六月、忠国の弟持久を擁立する一揆を結成する。山東攻略にこだわる忠国を見限ったようであり、先述の伊東氏との和睦もこうした動きと連動したものであろう。この頃、忠国は軍事指揮権を剝奪され、末吉（鹿児島県曽於市末吉町）への隠居を余儀なくされている。

忠国に代わって軍事指揮をとった持久は、永享七年頃に薩摩半島の制圧を進め、翌永享八年六月には伊集院煕久が帰順《きじゅん》している。未だ薩摩国山北《やまきた》（いちき串木野《くしきの》市薩摩山より北の地

島津奥州家略系図

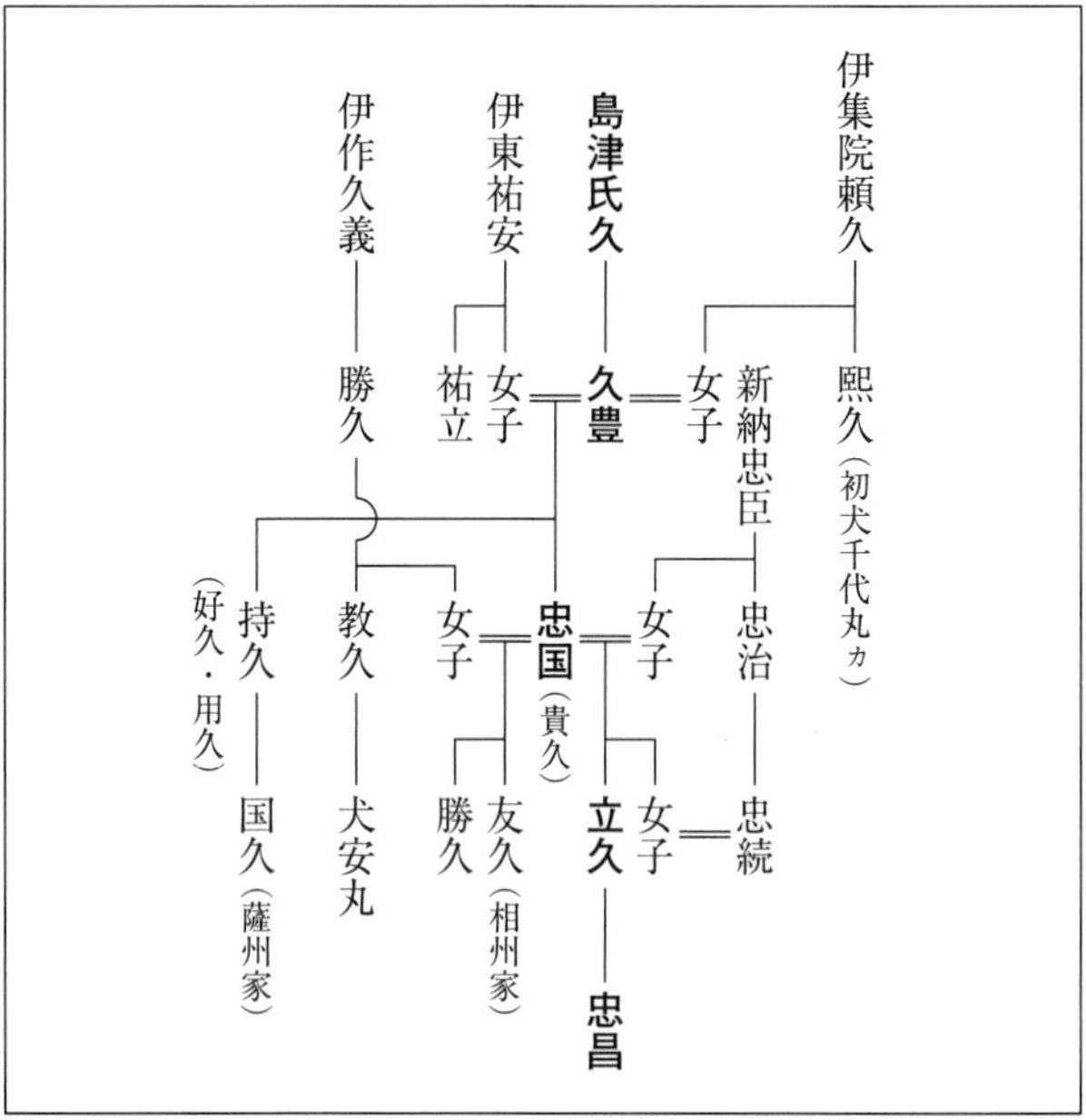

域）の反島津方勢力は残されていたが、国一揆が一応の沈静化をみたことで、隠居させられていた忠国を擁するグループと、持久がそのまま島津奥州家の家督を継承することを支持するグループの対立が顕在化していく。

そんななか、永亨九年正月、持久は福昌寺《ふくしょうじ》で父久豊の十三回忌法要をおこない、永亨十一年二月には福昌寺に寄進された寺領一覧に証判《しょうはん》（花押《かおう》）を捺《お》して安堵している。特に後者で福昌寺は「本寺大檀那持久」と記している。福昌寺は島津奥州家の菩提寺であり、ここでの法要を主催し、寺領を安堵することは奥州家家督の継承を宣言したことに他ならず、福昌寺側も持久を「大檀那《おおだんな》」＝奥州家家督と認めたことになる。

なお、この直前、初名好久から持久に改名している。この頃既に足利義持は亡くなっているが、多くの守護家当主が義持の偏諱《へんき》「持」を拝領している（畠山持国《はたけやまもちくに》、大内持世《おおうちもちよ》ら）。敢えて持久と名乗ったことは、守護家当主になったことを自認したためであろう。このまま持久による家督継承が実現するかに思われたが、思わぬ事態が生じる。

「大覚寺義昭事件」に島津氏はどう対処したか

永享九年（一四三七）九月、足利義持亡き後、後継候補ともなった足利義教《あしかがよしのり》の弟で大覚寺《だいかくじ》門跡《もんぜき》の義昭《ぎしょう》が京都から出奔《しゅっぽん》する。これは義教に謀叛《むほん》とみなされ、後南朝《ごなんちょう》勢力と結ぶことを恐れた幕府は各地を捜索するが、なかなか見つからなかった。義昭は一時土佐に潜伏し、最終的に日向国に下向・潜伏していた。

下向後、尊宥《そんゆう》と名乗っていた義昭は、永享十一年八月、島津忠国方の有力御一家樺山孝久《かばやまのりひさ》に義教追討の檄文を発した。樺山氏はこれを幕府に通報。翌永享十二年六月、足利義教は島津忠国に対して義昭追討を命じる。本来幕命に応じるべき持久にとっては、この件が忠国方の樺山氏によって通報されたのが誤算だった。

末吉に隠居中の忠国は、自派の新納《にいろ》・樺山・北郷・肝付・本田の五氏に命じて、嘉吉《かきつ》元年（一四四一）三月、義昭が潜伏していた日向国櫛間院《くしまいん》（宮崎県串間市）の永徳寺《えいとくじ》を包囲する。義昭は切腹して果て、その首は京都に届けられた。義教は忠国による義昭追討を高く評価し、忠国と追討実行役の五氏に感状《かんじょう》と太刀《たち》を与えている。

なお、このうち樺山孝久に下賜《かし》された太刀「国宗《くにむね》」は、後年島津本宗家に献上され、現在国宝に指定されている（鹿児島県歴史・美術センター黎明館保管）。

ちなみに、大覚寺義昭追討の恩賞として、忠国が琉球国を足利義教から拝領《はいりょう》したとの説がある（嘉吉附庸《かきつふよう》）。義教からの恩賞は太刀・腹巻《はらまき》（鎧の一種）・馬のみであり、琉球拝領を裏付けるような同時代史料は存在しない。この説は、寛永年間《かんえいねんかん》（一八四八～五四）、みずからの表高《おもてだか》（知行高《ちぎょうだか》）に琉球王国領を含めるよう江戸幕府に働きかけていた薩摩藩が、幕府説得のために捏造《ねつぞう》したものと考えられている。

忠国・持久の抗争と和睦

将軍足利義教の支持を得た忠国は、奥州家家督を自認する弟持久の排除に乗り出す。嘉吉元年（一四四一）十二月、幕府は島津氏分国の有力国人に対して管領《かんれい》畠山持国奉書を発し、島津持久とその与党高木殖家《たかぎたねいえ》・市来久家《いちきひさいえ》追討を命じている。

この幕府の追討令を大義名分として、忠国は持久方の追討に乗り出し、鹿児島を奪回して谷山《たにやま》（鹿児島市南部）を拠点とする持久と抗争になったという。

しかし、幕府の支持は忠国への追い風とはならなかった。嘉吉元年六月二十四日に義教自身が嘉吉の変で殺害されてしまったことも影響しただろう。翌嘉吉二年十月にも幕府は持久らの追討令を出しているが、これには「陸奥守忠国難儀に及ぶと云々」とある。

さらに、文安年間《ぶんあんねんかん》（一四四四～四九）に入ると、渋谷一族ら薩摩国山北の国人ら国一揆の残党が、肥後の菊池氏・相良《さがら》氏らと結んで再び蜂起している。やむなく忠国方の中心人物新納《にいろ》忠臣《ただおみ》（忠国岳父《がくふ》）は仲介に乗り出し、文安五年（一四四八）十月、忠国・持久兄弟はようやく和睦している。

和睦した忠国・持久兄弟は、薩摩国山北制圧に乗り出し、莫祢《あくね》氏・和泉氏・牛屎《うしくそ》氏といった平安期以来の国人が討伐されている。牛屎院（鹿児島県伊佐《いさ》市）に進攻した際は、牛屎氏を支援していたとみられる相良勢とも交戦し、さらに国境を越えて肥後国津奈木《つなぎ》（熊本県葦《あし》北郡《きたぐん》津奈木町《つなぎまち》）では肥後国守護菊池為邦《きくちためくに》とも交戦している。この軍事討伐は宝徳《ほうとく》二年（一四五〇）頃に完了し、同年、伊集院熙久も他国に出奔して惣領家は没落している。入来院氏ら渋谷一族は降伏して許されるも、享徳《きょうとく》元年（一四五二）に島津氏被官による検地を受けるなど島津奥州家への従属を余儀なくされている。

一連の軍事討伐で制圧された地域のうち、肥後との国境近くの和泉郡・山門院《やまとのいん》（以上、鹿児島県出水《いずみ》市）・莫祢院（同県阿久根市）、そして要港坊津を含む薩摩半島南部の川辺郡（同県南九州市・枕崎《まくらざき》市）・加世田別府《かせだべっぷ》（同県南さつま市）が、和睦した持久に与えられた。この持久の系統は、薩摩守を代々名乗ったことから「薩州家《さつしゅうけ》」と呼ばれる。

島津立久の家督奪取

忠国が守護としての実権を取り戻すと、国衆（非島津氏有力国人）に対する強権的政策がおこなわれる。具体的には、大隅国西端の始羅郡《しらぐん》（鹿児島県始良市）の平山氏、日向国庄内（都城盆地）の和田・高木両氏、日向南部の飫肥《おび》氏・野辺氏らが軍事討伐を受け、没落している。こうした政策は残された御一家・国衆の不信を招き、長禄《ちょうろく》二年（一四五八）には薩摩国内で持久を再び擁立しようとの動きも起こったが、持久自身は翌長禄三年二月末に没している（享年四十九）。こうした動きに危機感を覚えたのは、忠国の長男立久《たつひさ》（一四三二～七四）であった。

立久の母は新納忠臣の娘で、姉は忠臣の孫忠続《ただつぐ》の室となっている。新納氏とは重縁《じゅうえん》を結んでおり、先述のように島津持久との和睦仲介も新納氏が主導していた。立久は永享《えいきょう》四年十一月五日の生まれであるが（幼名安房丸《あわまる》）、その前日十一月四日には異母兄友久が誕生している。友久の母は有力御一家伊作勝久の娘であり、友久の幼名虎寿丸《とらじゅまる》は父忠国の幼名でもある。つまり、伊作勝久の娘は妾ではなく、友久が嫡男となる可能性もあったが、伊作氏は内訌《ないこう》時に持久方についていたため、忠国方の新納氏の意向で異母弟立久が嫡男とされたのだろう。

立久は、長禄三年十月以前に父忠国を強制的に加世田別府に隠居させ、奥州家を継承する。もちろん、外戚《がいせき》の新納氏をはじめとする有力御一家の支持を背景とした家督奪取であったとみられる。こうして強引に家督を継承した立久は、アメとムチを使って安定化を図った。まずは、守護所鹿児島と薩摩国府を結ぶルートと、庄内財部《しょうないたからべ》（鹿児島県曽於市財部町）を軍事制圧して、郡司系の市来氏や財部氏を討ち、守護直轄地とした。その一方で、長年対立してきた入来院氏の当主重豊《しげとよ》とは契状《けいじょう》を交わして関係を強化している。

また、これも長年の宿敵であり、父忠国が国一揆勃発を招いた伊東氏とは、寛正《かんしょう》五年（一四六四）四月に和睦し、翌寛正六年二月には伊東祐堯《いとうすけたか》の娘を室に迎えている。これは、伊東氏が実効支配していた山東の放棄を意味していたが、それよりも現状の勢力圏の安定的支配を図ったとみられる。これにより「三ヶ国 悉《ことごと》く御静謐《ごせいひつ》」と呼ばれる安定が訪れる。

立久の分国統治

立久は分国内安定化のためにさまざまな工夫をおこなった。まずは要地の直轄化である。伊東領との境三俣院高城《みまたいんたかじょう》（宮崎県都城市高城町）、庄内南端の末吉（鹿児島県曽於市末吉町）、肥後との国境牛山《うしやま》（同県伊佐市大口《おおくち》）、新たに制圧した東シナ海に面した港町串木野《くしきの》（同県いちき串木野市）の四か所は「御手持御城柱」として、御内《みうち》（直臣《じきしん》）が配置されたほか、これ以外の八か所にも直臣を「衆《しゅう》」として配置している。

こうした守護直轄領確保のため有力御一家・国衆の配置換えも大胆におこない、立久の同母弟久逸《ひさやす》が養嗣子となった伊作氏は、鎌倉期以来の本拠伊作（同県日置市吹上町《ひおきしふきあげちょう》）から日向国櫛間院に移され、外戚新納氏には本拠志布志（同県志布志市）に加えて、伊東氏領と境を接する飫肥院（宮崎県日南市）を与えている。

また、薩州家に加えて新たな庶子家も創出し、立久の異母兄友久には薩摩半島の要衝万之《まの》瀬川《せがわ》河口の北岸田布施《たぶせ》（鹿児島県南さつま市金峰町《きんぽうちょう》）を与え（相州《そうしゅう》家）、叔父季久《すえひさ》（父忠国の異母弟）には大隅国始羅郡を与え（豊州《ほうしゅう》家）、有力御一家・国衆を相互に牽制する体制を整えた。

立久にとって最大の脅威は、父忠国と争った持久を祖とする薩州家であったろう。立久は大胆にも奥州家と薩州家の統合を図ろうとしたようである。立久には、伊東祐堯娘と薩州家持久の娘、二人の室がいたが、どちらにも男子が誕生しなかった。側室とみられる梶原弘純（御内《みうち》）の娘との間には、寛正《かんしょう》四年（一四六三）五月に男子が生まれたが、立久はこれを出家させ、みずから創建した市来竜雲寺《りゅううんじ》（同県日置市東市来町）の喝食《かっしき》とし、自身の後継には薩州家持久の長男国久《くにひさ》を指名した。これにより両家を統合し、奥州家より強大な守護家にしようとの構想だったのだろう。

応仁《おうにん》元年（一四六七）、京都では応仁・文明《ぶんめい》の乱が勃発し、十年にわたって全国に戦乱が広がっていったが、立久は不干渉の立場をとり、島津氏の分国は立久の家督奪取から十五年間最も安定した時期を迎えた。しかし、文明三年（一四七一）に始まる桜島大噴火が続いて世情不安が高まるなか、文明六年（一四七四）四月一日に没した（享年四十三）。

第五章

島津忠良・貴久の治世

大永七年（一五二七）～永禄九年（一五六六）

島津忠良
尚古集成館所蔵

伊作忠良の島津相州家継承

島津氏〝中興の祖〟とも呼ばれる「日新公《じっしんこう》」こと島津忠良《しまづただよし》（愚谷軒日新斎《ぐこくけんじっしんさい》）は、明応《めいおう》元年（一四九二）九月二十三日、薩摩国伊作（鹿児島県日置市吹上町《ひおきしふきあげちょう》）領主で島津氏御一家（有力庶子家）の伊作善久《いざくよしひさ》（一四六八〜九四）の長男として生まれた。母は、同じく御一家の新納《にいろ》是久《これひさ》の娘常盤《ときわ》（一四七二〜一五二五）である。

伊作氏は、島津氏三代久経《ひさつね》の二男久長《ひさなが》を祖とする。この系統は、十五世紀中期に嫡流《ちゃくりゅう》の犬安丸《いぬやすまる》が早世して断絶するが、島津奥州家忠国の三男久逸《ひさやす》（一四四一〜一五〇〇）が養子となり継承した。忠良は久逸の孫にあたる。

九州南部の戦国争乱は、忠良が誕生する十数年前から始まっていた。島津奥州家立久《たつひさ》は日向国南部の支配強化のため、伊作久逸を伊作から日向国櫛間院（宮崎県串間市）に移封《いほう》し、同国志布志の新納忠勝《にいろただかつ》を日向国飫肥院（宮崎県日南市）に移封した。

久逸の嫡男善久の室となった常盤は、新納忠勝の大叔父是久の娘であり、両氏の関係強化のための婚姻とみられる。しかし、新納忠勝と伊作久逸の関係は悪化し、新納氏は伊作氏の移封を守護島津忠昌《しまづただまさ》（立久子息）に求めた。これに反発した久逸は、文明十六年（一四八四）十一月、島津氏の仇敵であった日向国都於郡《とのこおり》（同県西都市）の伊東祐堯《いとうすけたか》・祐国《すけくに》父子と連携し、新納氏の居城飫肥城（同県日南市）を包囲するに至る。

翌年六月、島津忠昌は大軍を率いて新納氏救援に乗り出し、六月二十一日、飫肥城近郊で合戦となった。この戦いで伊東・伊作連合軍は大敗を喫し、娘が伊作氏に嫁いだ新納是久は伊作方について討死している。

この敗戦により、伊作久逸・善久父子は旧領の薩摩国伊作に戻されるが、その後も不幸は続く。明応三年（一四九四）四月、忠良（幼名菊三郎《きくさぶろう》）の父善久が奴僕《ぬぼく》によって殺害された。その六年後の明応九年十一月十一日、島津薩州家の内訌《ないこう》に巻き込まれた伊作久逸は、薩州家忠興《ただおき》勢との合戦で討死してしまう。

この時、忠良はまだ九歳であり、伊作氏は滅亡の危機に瀕した。そこで、伊作氏重臣の三原氏らが働きかけ、忠良の母常盤が伊作の南側田布施《たぶせ》（鹿児島県南さつま市金峰町）の領主であった島津相州《そうしゅう》家《け》運久《ゆきひさ》に再嫁する。運久の父友久《ともひさ》は、奥州家忠国と伊作勝久《かつひさ》娘との間に生まれており、伊作氏の血を引く運久が、伊作領・相州家領を一体的に領有することになった。なお、この婚姻の条件として、忠良が相州家運久の養嗣子に迎えられたという。

島津忠良・貴久関係略系図

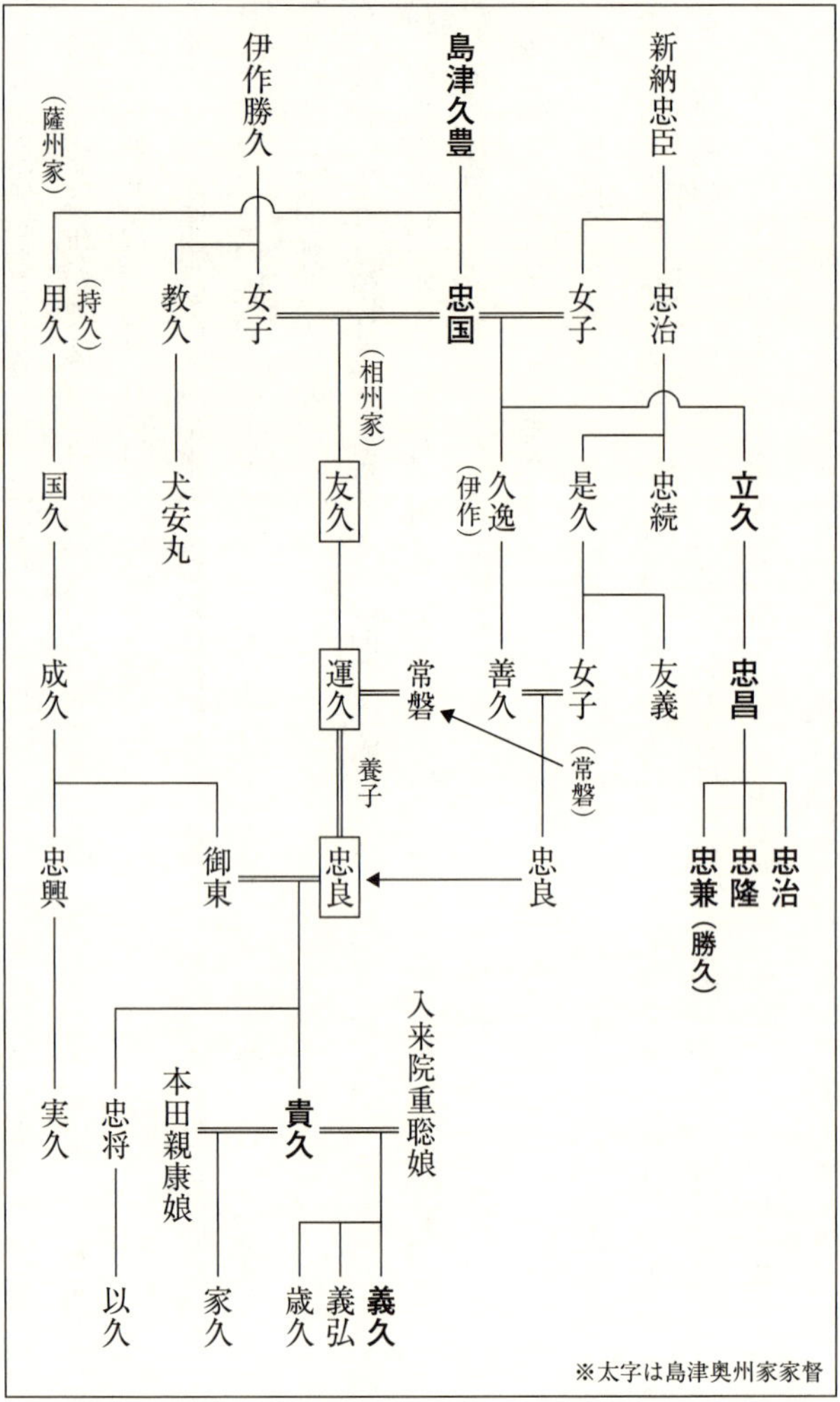

永正《えいしょう》十年（一五一三）八月、相州家運久は「一瓢《いっぴょう》」と名乗っており、これ以前に出家して養嗣子忠良が相州家を継承したとみられる。

相州家は家格の上では島津氏御一家筆頭の地位にあり、守護家の儀礼では最も上座《かみざ》についていた。天正《てんしょう》九年（一五八一）以前成立の『島津家物語』という法華僧《ほっけそう》による記録によると、忠良は「相州家は〝庶子之棟梁《しょしのとうりょう》〟であり、奥州家中絶の際は相続すべしとの契約があった」と語っていたという。忠良は相州家当主として、〝庶子之棟梁〟というプライドを持ち、守護家である奥州家の弱体化に危機感を持っていたようである。

島津奥州家の弱体化と薩州家の台頭

忠良の危機感には前提があった。島津奥州家忠昌は、守護としての権威を保つべく各地に派兵したが、これに応じる御一家らは少なく、かえって各地にあった守護直轄領は御一家・国衆といった有力領主に併呑《へいどん》されるなど弱体化していた。

そうしたなか、永正五年（一五〇八）二月十五日、忠昌は鹿児島の清水館（鹿児島市稲荷町、清水中学校敷地）で自害する。後継の忠昌長男忠治《ただはる》は、永正十二年八月に二十七歳の若さで亡くなり、その後を継いだ二男忠隆《ただたか》も、永正十六年四月に二十三歳の若さで病没する。最終的に家督を継いだのは、忠昌三男で薩摩半島南端の国衆頴娃《えい》氏の養子となっていた忠兼《ただかね》（後の勝久《かつひさ》）であった。忠兼には天文《てんぶん》四年（一五三五）まで男子が生まれていない。先述の忠良の危機感は現実のものであった。

忠兼を支えたのは、最大の勢力を誇る御一家の島津薩州家忠興《ただおき》であった。忠興は多くの娘を島津氏分国内の有力御一家・国衆のもとに嫁がせ、隠然たる勢力を誇っていた。その一人が奥州家忠兼の室となっており、もし男子が生まれれば外戚となるはずであった。一説には、忠興の長男実久《さねひさ》（一五一一～八五）が男子のいない忠兼の養子となっていたともいう。

なお、忠興の姉御東（?～一五六六）は相州家を継承した忠良の室となっており、永正《えいしょう》十一年（一五一四）五月五日、長男を産んでいる。これが幼名虎寿丸、後の貴久である。この時点では、相州家と奥州家は良好な関係にあったとみられる。

忠良によるクーデター

奥州家忠兼は大永《だいえい》三年（一五二三）十二月、日向伊東氏と連携して敵対した新納忠勝討伐のため軍勢を派遣するも大敗を喫し、手詰まりとなった。
そんななか、大永五年十月には舅《しゅうと》で後援者の薩州家忠興が亡くなってしまう。養子ともいわれる薩州家実久は、まだ十五歳であった。前出の『島津家物語』によると、忠良は嫡男虎寿丸に奥州家を継承しうる器量はあるだろうかと、相州家宿老《しゅくろう》の伊集院忠朗《いじゅういんただあき》に尋ねたという。忠良は〝庶子之棟梁〟という立場を大義として、虎寿丸に奥州家を継がせようと決断した。

日向方面への対応をめぐって忠良に指南を求めていた奥州家忠兼は、奥州家の家政を取り仕切る老中に忠良寄りの人物を抜擢しており、地ならしが進められた。そして、大永六年（一五二六）秋頃、日置南郷（鹿児島県日置市吹上町永吉）の地頭で元老中の桑波田景元《くわはたかげもと》（観魚《かんぎょ》）が忠良に降《くだ》る。慌てた忠兼は、伊集院（同市伊集院町）に赴いて忠良と会談した。

おりしも、守護領の大隅国始羅郡帖佐《ちょうさ》（同県始良市）の地頭辺川忠直《へがわただなお》が蒲生《かもう》氏らと薩州家と連携して反旗を翻しており、鹿児島近郊の吉田まで迫っていた。この状況を利用して忠良は、虎寿丸を養嗣子とすることを条件に、反乱勢力を軍事討伐することを忠兼に提案したようである。忠兼はこれを受け入れ、忠良は十二月に辺川氏を討伐して始羅郡の安定化を図り、鹿児島に凱旋する。

翌大永七年、忠良は契約の履行を忠兼に求め、正月から三月頃、忠兼は奥州家家督を虎寿丸に譲り、自身は伊作に隠居する。事実上のクーデターであり、忠兼は伊作に軟禁されたのであろう。

しかし、この強引な家督継承は反発を招き、同年五月、帖佐の島津昌久《しまづまさひさ》、加治木《かじき》地頭《じとう》伊地《いぢ》知《ち》重貞《しげさだ》らが蜂起する。これは薩州家実久と連携したものであった。忠良が帖佐・加治木制圧のために出陣すると、実久は伊集院へと出陣し、伊作にいた奥州家忠兼を擁して鹿児島を制圧する。忠兼は虎寿丸への奥州家家督を反故《ほご》にし、「勝久」と改名して再び〝三州太守《さんしゅうたいしゅ》〟を名乗る。帖佐出陣中であった忠良は本拠田布施への撤退を余儀なくされ、虎寿丸も命からがら鹿児島から脱出している。クーデターは失敗に終わった。

享禄《きょうろく》二年（一五二九）には、九州南部の安定化を求める周防《すおう》・長門《ながと》の大内義興《おおうちよしおき》の要請により、飫肥・櫛間を領する島津豊州家忠朝が和平に乗り出し、紛争当事者が一堂に鹿児島に会して、再び勝久を守護として擁立することを確認している。

島津家「三つ巴の抗争」

いったんは守護に復帰した勝久であったが、勝久側近と薩州家実久に与《くみ》する家臣との軋轢《あつれき》が表面化し、天文三年（一五三四）十月、薩州家方の川上昌久《かわかみまさひさ》が勝久側近を殺害する事態に至る。慌てた勝久は、側室の実家である禰寝清年《ねじめきよとし》のもとに逃れている。翌天文四年には鹿児島に戻るが、勝久は側近を殺害した川上昌久を自害に追い込み、薩州家実久との抗争が勃発する。この年七月、勝久には禰寝氏との間に長男益房丸（後の忠良）が誕生しており、実久の存在が邪魔になったようである。

勝久は大隅国始羅郡帖佐に進出していた祁答院重武《けどういんしげたけ》（嵐浦《らんぽ》）と連携して薩州家と対抗したが、天文四年九月頃、祁答院勢は鹿児島での薩州家実久との戦いに敗れる。勝久も祁答院氏を頼って鹿児島を退去し、薩州家実久は〝三州太守〟を継承したと標榜し、有力御一家らもこれを承認するに至る。

なお、この薩州家実久によるクーデターと同じ天文四年、忠良の嫡男虎寿丸は元服し、貴久と名乗ったというが（「玉龍山福昌禅寺年代記写」）、その二年前の天文二年（一五三三）二月九日には、貴久の長男義久《よしひさ》（幼名虎寿丸）が誕生している。母は、薩摩国入来院（同県薩摩川内市入来町）を本拠とする国衆入来院重聡《いりきいんしげさと》の娘である。

この頃、入来院氏は川内川下流域に進出しつつあり、島津薩州家と競合していたため、島津忠良改め日新斎と協調したのだろう。また、鹿児島から退去した奥州家勝久は、入来院氏の同族祁答院氏の庇護を受け、日向国真幸院《まさきのいん》の般若寺《はんにゃじ》（同県姶良郡湧水町《ゆうすいちょう》）に匿《かくま》われていた。ここで渋谷一族を介して勝久と日新斎・貴久父子は和解することになり、薩州家実久打倒のため協調することになる。

天文五年三月、忠良・貴久父子は伊集院一宇治城《いじゅういんいちうじじょう》を奪取して居城とし、薩摩半島の薩州家領切り崩しを図る。天文七年十二月には、日新斎が薩摩半島南部における薩州家の拠点加《か》世田別府城《せだべっぷじょう》（同県南さつま市加世田武田）を攻略する。翌天文八年三月には、貴久が伊集院から鹿児島の上山城《うえのやまじょう》（鹿児島市城山町）に出陣し、谷山に拠点を置く薩州家勢と紫原《むらさきばる》にて決戦となり、貴久が勝利した。谷山の三つの城はまもなく陥落し、薩州家は守護所鹿児島周辺から駆逐される。残る拠点川辺（同県南九州市川辺町）も同時に日新斎が制圧し、薩州家は薩摩半島南部を失う。

同年閏六月からは、薩摩半島における薩州家最後の拠点である市来・串木野の攻略を図り、それまで薩州家方であった種子島《たねがしま》氏・禰寝氏ら有力国衆も多く参陣し、八月に市来城（同県日置市東市来町）が開城すると、串木野城（同県いちき串木野市）も開城し、川内川より南側から薩州家方は駆逐される。これにより薩州家との抗争は終結した。

貴久の奥州家継承と大隅での抵抗

薩州家との抗争は奥州家勝久との連携で実施されたが、薩摩半島を制圧した貴久が勝久を迎え入れるつもりはなかった。天文九年（一五四〇）三月、貴久は荒廃していた奥州家菩提寺の福昌寺《ふくしょうじ》（鹿児島市池之上町《いけのうえちょう》）の寺領を安堵し、福昌寺側からは「三州大府君《さんしゅうたいふくん》」「当寺《とうじ》中興大檀越《ちゅうこうだいだんおつ》」と呼ばれている。つまり、貴久は菩提寺から〝三州太守〟と認められたのであり、奥州家当主としてアピールすることに成功した。

しかし、島津豊州家や北郷氏ら有力御一家、それまで連携してきた祁答院氏・入来院氏ら渋谷一族、加治木の肝付氏、守護被官の本田氏らはこれに反発し、貴久の姉婿樺山善久《かばやまよしひさ》の居城生別府城（同県霧島市隼人町《はやとちょう》）を包囲する。貴久は天文十一年三月に樺山氏救援のため出陣するが、加治木の肝付氏らに大敗を喫し、生別府城は開城して和睦している。反貴久方が結束すると、これに対抗できる力はまだなかった。

この頃、日向の伊東氏も、義祐《よしすけ》が内訌を制して山東（宮崎平野）を統一し、島津豊州家領の飫肥に進攻しつつあった。この軍事的脅威に抗しきれなくなった島津豊州家忠広《ただひろ》は、天文十四年三月、叔父の北郷忠相《ほんごうただすけ》と共に伊集院に赴き、貴久を守護として仰ぎ、その従属下に入ることを誓った。

また、貴久は天文十七年二月には、大隅国府周辺を領する本田董親《ほんだただちか》の内紛に介入し、八月に本田氏を追放することに成功する。本田氏の居城清水城（同県霧島市国分清水）には、貴久の同母弟忠将《ただまさ》が入り、大隅支配が始まる。天文十八年には大隅国府と鹿児島の中間に位置する大隅国始羅郡制圧を開始し、十二月に加治木の肝付兼演《きもつきかねひろ》・兼盛《かねもり》父子は貴久に帰順している。

なお、この年七月、イエズス会宣教師フランシスコ・ザビエルが鹿児島に上陸している。ザビエルは九月に貴久と面会し、キリスト教布教を許可されている。この会見場所については、貴久の居城伊集院一宇治城説と、加治木攻めの拠点であった弟忠将の居城清水城説があるが、伊集院説が有力とみられる。

権力の基盤を固める貴久

「玉龍山福昌禅寺年代記写」によると、天文十九年（一五五〇）、貴久は鹿児島に御内（内城とも、鹿児島市大竜町《だいりゅうちょう》）を新たに築き、居城を伊集院から移す。鹿児島は奥州家代々の守護所であるとともに、稲荷川河口にあった帆柱湊は鹿児島湾（錦江湾《きんこうわん》）を使った始羅郡進攻にも便利な場所であった。

天文二十年、貴久は戦火で焼失した大隅正八幡宮《おおすみしょうはちまんぐう》（現在の鹿児島神宮、同県霧島市隼人町《はやとちょう》）再建のため、義兄樺山善久を京都に派遣して御神体作製にあたらせ、同年十一月、正八幡宮遷宮《せんぐう》が実現している。正八幡宮は大隅国一宮《おおすみこくいちのみや》で、同国最大の宗教権威でもあり、これを再建したことは、大隅支配の正当性獲得に大きく寄与したとみられる。

さらに、天文二十一年には、貴久は当時京都の公家・武家双方とのパイプを有していた種子島氏を頼り、同氏の家臣古市実清を京都に派遣して、従五位下修理大夫《じゅごいげしゅりだいぶ》の官職と嫡男忠良に将軍足利義輝《あしかがよしてる》の偏諱《へんき》「義」字を獲得する（忠良から義辰《よしたつ》、さらに義久《よしひさ》と改名）。

こうして領国内外で、三州太守としての正統性を確立していった貴久は、残る大隅国始羅郡の制圧を開始し、天文二十三年十月に祁答院・入来院両氏の拠点である岩剣城《いわつるぎじょう》（同県始良市平松《ひらまつ》）を攻略し、翌天文二十四年四月には、帖佐本城《ちょうさほんじょう》（同県始良市鍋倉《なべくら》）などから祁答院勢を駆逐することに成功している。残る抵抗勢力は、蒲生城《かもうじょう》（同市蒲生町）に籠もる蒲生《かもう》範清《のりきよ》のみとなった。蒲生城包囲戦は長期化し苦戦するが、貴久の弟忠将・尚久《なおひさ》、そして貴久の三人の息子（義久・義弘《よしひろ》・歳久《としひさ》）の活躍もあって、弘治《こうじ》三年（一五五七）四月二十日、蒲生城は開城し、始羅郡統一に成功している。

肝付兼続の離反と島津氏包囲網

島津貴久が始羅郡攻略に手間取るなか、天文二十二年（一五五三）日向の伊東義祐《いとうよしすけ》は飫肥進攻を開始し、島津豊州家の居城飫肥城を包囲するに至る。伊東義祐は長女を大隅国肝付郡有力国衆肝付兼続《きもつきかねつぐ》の長男良兼《よしかね》に嫁がせ、同盟を結ぶ。

大隅・日向国境で肝付氏と対立していた北郷忠相は、長男忠親を豊州家の養嗣子としており、北郷・豊州家連合対伊東・肝付連合の抗争に発展した。肝付氏は永禄《えいろく》元年（一五五八）三月に、宮ヶ原（鹿児島県曽於市大隅町）で北郷勢に大勝し、同年十月には豊州家領志布志（同県志布志市）に進攻するなど、北郷・豊州家連合は苦境に立たされた。

貴久は、実姉が肝付兼続に嫁いでいたが、北郷・豊州家連合を支援する姿勢を示し、二男忠平（後の義弘）を飫肥城に入れる。永禄三年六月には、将軍足利義輝《あしかがよしてる》が伊東氏との和睦仲介に乗り出し、上使による交渉がおこなわれたが、和睦は不成立に終わった。

この頃、大隅の肝付・禰寝・伊地知三氏と連携していた伊東義祐は、日向西端で大隅・薩摩とも境を接する真幸院《まさきいん》（宮崎県えびの市・小林市）を領する北原兼守《きたはらかねもり》に娘を嫁がせて同盟を結び、入来院氏・東郷氏といった渋谷一族も含め〝島津氏包囲網〟を形成することに成功している。

そして、永禄四年五月、肝付兼続は姻戚関係にある禰寝氏・伊地知氏とともに島津方の廻城《めぐりじょう》（鹿児島県霧島市福山町）を奪取し、大隅国府から庄内・志布志方面の街道封鎖を実施する。貴久はすぐさま出陣し、同年六月に廻城を包囲するが、七月に弟忠将が敵の挑発に乗って出陣したところで討ち取られてしまう。

これにより孤立を深めた島津豊州家忠親は、永禄五年五月に飫肥城を伊東氏に明け渡して和睦を結ぶ。同年九月には飫肥城奪回に成功するも、孤立状態は続き、永禄十一年に飫肥城から退去し、飫肥は伊東領に、志布志は肝付領となってしまう。

薩摩国統一と貴久の死

飫肥城陥落と同時期の永禄五年、日向真幸院の北原兼守が男子のないまま没する。伊東義祐は兼守室であった娘を北原氏一族に嫁がせ、三之山《みつのやま》（宮崎県小林市）を掌握する。

一方、島津貴久は相良頼房《さがらよりふさ》（後の義陽《よしひ》）と連携して、兼守の遠縁北原兼親を擁立し、飯野《いいの》城《じょう》（同県えびの市）に入れ、島津氏包囲網に楔《くさび》を打つ。しかし、永禄六年、相良頼房は伊東側に寝返り、貴久は北原兼親に替えて二男忠平《ただひら》（義弘）を飯野城に入れて対抗させた。

永禄七年（一五六四）三月、関白近衛前久《このえさきひさ》の周旋により、島津貴久は「陸奥守」に、長男義久は「修理大夫《しゅりのだいぶ》」に任官する。これは貴久から義久への家督継承を前提としたものだったようであり、永禄九年二月、貴久は五十三歳で出家して「伯囿《はくゆう》」と名乗り、家督を義久に譲った。

真幸院における伊東氏との攻防は伊東氏優位に進んでおり、貴久らは転進する。永禄十年（一五六七）十一月、貴久・忠平らは真幸院に西隣する大隅国菱刈院《ひしかりいん》（鹿児島県伊佐市菱刈）に進攻し、菱刈隆秋《たかあき》は本城を捨てて相良氏の支配下にあった薩摩国大口城《おおくちじょう》（同県伊佐市大口）に相良勢とともに籠城する。

これ以後、島津勢は大口城包囲網を築くが、相良・菱刈連合の抵抗は大きく、加世田に隠居していた日新斎は、相良氏との和睦を指示して永禄十一年十二月十三日に没している（享年七十七）。しかし、相良氏との和睦はすぐに破綻し、永禄十二年（一五六九）五月六日、貴久の末子家久《いえひさ》らが戸神尾《とがみお》（同県伊佐市大口鳥巣）の戦いで相良・菱刈連合軍を撃破したことで、同年九月に大口城は開城する。これにより島津氏包囲網のなかで孤立することになった入来院重嗣《いりきいんしげつぐ》・東郷重尚《とうごうしげひさ》は、永禄十二年末に降伏の意向を示し、翌永禄十三年正月に所領を献じて降伏した。これにより、島津氏はようやく薩摩統一を実現する。

薩摩統一を見届けた貴久は、政治・軍事の一線から退いたようで、亡き父日新斎の隠居城であった加世田別府城に入る。そして、元亀《げんき》二年（一五七二）六月二十三日、貴久は同城内で没した（享年五十八）。死因は、毒キノコによる中毒死とも、家臣平田宗茂《ひらたむねしげ》による毒殺とも伝えられている。貴久が果たせなかった薩隅日三か国統一は、四人の息子たちに引き継がれた。

第六章

島津義久・義弘の治世

永禄九年（一五六六）～慶長四年（一五九九）

島津義弘
尚古集成館所蔵

島津四兄弟

島津《しまづ》義久《よしひさ》（初名忠良《ただよし》）は、天文《てんぶん》二年（一五三三）二月九日、島津《しまづ》貴久《たかひさ》の長男として誕生した。弟義弘《よしひろ》（初名忠平《ただひら》、義珍《よしまさ》）は二年後の天文四年（一五三五）七月二十三日に誕生している。誕生地は伊作城《いざくじょう》（鹿児島県日置《ひおき》市吹上町《ふきあげちょう》）と伝えられる。二人とも国衆《くにしゅう》入来院《いりきいん》重聡《しげさと》の娘を母としており、同母弟に歳久《としひさ》（一五三七～九二）がいる。異母弟家久《いえひさ》（一五四七～八七）とともに〝島津四兄弟〟として知られる。この四兄弟により、父祖の悲願である薩摩・大隅・日向三州統一を実現し、九州のうち六か国を支配下に置く最大版図を築いた。

義久・義弘は幼い頃、祖父日新斎《じっしんさい》の教えを受け、その後坊津一乗院《ぼうのついちじょういん》（鹿児島県南さつま市坊津町）で教育を受けたという。なお、若き日の四兄弟を祖父日新斎が評して、「義久は三州の総大将たる才徳自ら備はり、義弘は雄武英略を以て傑出（後略）」とその後の活躍を予言したとの逸話が流布している。これは大正七年（一九一八）刊の『島津義弘公記』を初出としており、後年の四兄弟の活躍を受けて、明治維新後に創作されたものであろう。

義久の家督継承と妻子

日新斎の逸話は創作であるが、義久が早い段階から次期当主として育てられ、義弘ら弟たちと異なる立場にあったのは事実であろう。永禄《えいろく》四年（一五六一）十月、日新斎は義久に五か条の教訓状を授け、島津氏当主としてのあり方・心構えを説いている。この頃から家督継承が意識されたようであり、永禄七年三月十四日、朝廷は貴久を「陸奥守《むつのかみ》」に、義久を「修理大夫《しゅりのだいぶ》」に任じている。陸奥守・修理大夫ともに、島津奥州家当主代々の官職であり、貴久の後継が義久であることをアピールしたのであろう。そして、永禄九年二月、貴久は出家して義久が家督を継承する。

なお、家督継承前に義久は妻を迎えている。最初の室は父貴久の異母妹であり、天文十八年（一五四九）八月には長女御平《おひら》（島津薩州家義虎室《しまづさつしゅうけよしとら》）を産んでいるが、永禄二年（一五五九）十一月十八日に亡くなっている。その後、永禄五年頃、従兄弟にあたる種子島時堯《たねがしまときたか》娘を後室に迎えており、永禄六年六月には二女新城《しんじょう》（島津彰久室《しまづてるひさ》）を、元亀二年（一五七一）四月には三女亀寿《かめじゅ》を産んでいるが、男子が誕生することなく元亀三年十二月二十三日に没している。これ以後、正室は迎えていない。

義弘の婚姻と日向入り

兄義久とは異なり、義弘は若くして槍働《やりばたら》きが期待された。初陣《ういじん》以来軍功を重ね、特に弘《こう》治《じ》元年（一五五五）からの蒲生城《がもうじょう》攻防戦では、敵将を討ち取るなど大隅国始羅郡《しらぐん》制圧に大きく貢献している。この直前、義弘は島津氏有力御一家《ごいっか》である北郷忠相《ほんごうただすけ》の二男忠孝《ただたか》の娘を最初の室に迎えており、天文二十三年（一五五四）には長女御屋地《おやち》（北郷相久《ほんごうすけひさ》、島津豊州家朝《しまづほうしゅうけとも》久室《ひさしつ》）が生まれている。

永禄年間（一五五八〜七〇）に入ると、飫肥《おび》・櫛間《くしま》（宮崎県日南市・串間《くしま》市）の有力御一家島津豊州家忠親《しまづほうしゅうけただちか》（北郷忠相長男、忠孝の兄）は、反島津方の伊東義祐《いとうよしすけ》・肝付兼続《きもつきかねつぐ》の挟撃を受け、苦境に陥る。救援要請を受けた島津貴久は、永禄三年三月頃、義弘を飫肥城に派遣している。しかし、永禄四年五月、肝付兼続らが大隅廻城《めぐりじょう》を攻略すると（前章参照）、飫肥への支援は困難となり、翌年島津忠親はいったん伊東氏と和睦して飫肥から退去する。この時、義弘は飫肥から貴久のもとに帰され、室とも離縁している。

これとほぼ同時に、日向国西端真幸院《まさきいん》（宮崎県小林市・えびの市）の北原氏の後継問題に伊東氏・島津氏双方が介入する（前章参照）。真幸院西部を確保したい貴久は、飫肥から戻った義弘を飯野城《いいのじょう》（えびの市原田）に入れ、真幸院東部の三之山《みつのやま》（小林市）を制した伊東氏に対峙させた。これから二十六年にわたり、義弘は飯野城を居城とする。

薩摩・大隅統一

家督継承後、貴久の後見を受けた義久は、大隅北端で肥後相良《ひごさがら》氏とともに〝島津氏包囲網〟に加わっていた菱刈《ひしかり》氏を攻撃すべく、永禄十年（一五六七）十一月、義弘らとともに菱刈院（鹿児島県伊佐市菱刈地区）に進攻し、菱刈隆秋《ひしかりたかあき》は相良氏の支城大口城《おおくちじょう》（伊佐市大口里《おおくちさと》）に籠城し二年に及ぶ包囲戦となる。この攻防は、四兄弟の末弟家久らの活躍で、永禄十二年九月に大口城が開城し、相良氏とは和睦が成立する。これで孤立した川内川流域の東郷重尚《とうごうしげひさ》・入来院重嗣《いりきいんしげつぐ》は、翌永禄十三年正月に降伏し、薩摩国統一が実現する。

残る反島津方の伊東氏や肝付氏ら大隅半島の国衆は、起死回生を図るべく攻勢を強めた。元亀《げんき》二年（一五七二）十一月、肝付・伊地知《いぢち》・禰寝・伊東の四氏は軍船三百余艘《そう》を錦江湾《きんこうわん》に集結させ、島津氏の本拠鹿児島を海上から襲撃しようとしたが、家久らに撃退されている。翌元亀三年五月には、伊東義祐が大軍を真幸院に派遣し、飯野城の支城加久藤城《かくとうじょう》（えびの市小田《おだ》）攻略を図るが失敗し、鳥越城《とりごえじょう》（同市池島《いけじま》）に撤退する。そこを義弘が急襲し、伊東方は大将格五人を含む兵三百前後を失う大敗を喫する（木崎原《きざきばる》の戦い、覚頭《かくとう》合戦）。この連勝により、島津氏は日向庄内《ひゅうがしょうない》（都城盆地）の北郷時久《ほんごうときひさ》とともに反攻に転じる。なお、北郷時久の後室は、義弘の初室である。

同年三月、島津歳久率いる軍勢が向島《むこうじま》（桜島）から大隅半島に進攻し、伊地知・肝付勢との攻防が始まる。これと同時に北郷時久も肝付領に進攻し、元亀四年正月の住吉原《すみよしばる》の戦いで肝付勢に大勝している。このタイミングで義久は調略を開始し、同年二月、反島津方の禰寝《ねじめ》重長《しげたけ》を寝返らせることに成功。天正《てんしょう》二年（一五七四）四月には、伊地知重興《いぢちしげおき》が降伏し、肝《きも》付兼亮《つきかねあき》（兼続子息）も一部所領を献上して降伏した。これにより、大隅国統一も実現する。

高城・耳川合戦、日向統一

薩摩・大隅統一により抵抗勢力は日向の伊東義祐のみとなった。天正四年（一五七六）八月、義久ら四兄弟そろって出陣し、伊東領の西端の要衝高原城《たかはるじょう》（宮崎県西諸県郡《にしもろかたぐん》高原町）を包囲する。伊東義祐の後詰《ごづめ》はなく、同月二十三日に高原城が開城すると、真幸院の三之山・須木《すき》両城（同県小林市）も開城し、島津勢はいよいよ山東《さんとう》と呼ばれた宮崎平野に迫った。各地の家臣が島津氏に内応《ないおう》するに至り、翌天正五年十二月、伊東義祐は一族・近臣を連れて本拠の佐土原《さどわら》・都於郡《とのこおり》両城から退去し、翌年正月、豊後大友氏《ぶんごおおとも》のもとに亡命する。

これにより義久・義弘らは何の抵抗もなく山東を制圧し、現在の宮崎県日向市の日向灘《ひゅうがなだ》に流れ込む耳川《みみかわ》以南は、島津氏の支配下に入った。加えて、豊後大友氏に従属していた日向《ひゅうが》北端の縣《あがた》（同県延岡市《のべおか》）の国衆土持親成《つちもちちかしげ》が島津氏に従属した結果、大友宗麟《おおともそうりん》・義統《よしむね》父子の日向進攻が始まる。天正六年（一五七八）四月、大友義統率いる大友勢は縣を制圧して土持親成を攻め滅ぼすと、同年九月には大友宗麟みずから大軍を率いて日向国に進攻する。宗麟の日向進攻の目的については、伊東義祐の旧領回復を大義名分とするが、その真意については議論が続いている。

同年十月までに大友氏年寄（加判衆《かはんしゅう》）田原紹忍《たわらじょうにん》率いる大友勢は耳川を越えて南下し、島津方の防衛拠点であり、島津家久・山田有信《やまだありのぶ》らが籠もる新納院高城《にいろいんたかじょう》（同県児湯郡木城町《こゆぐんきじょうちょう》）を包囲する。これを救援すべく義久・義弘らは出陣し、十一月十一日、高城近くを流れる小《お》丸川《まるがわ》をはさんで両軍の決戦となり、島津勢は大勝した（高城・耳川合戦）。これにより大友宗麟は日向から撤退し、日向国全域が島津氏の支配下に入り、悲願の〝三州統一〟が実現する。

義久は合戦後に義弘らに感状《かんじょう》を出しているが、義弘宛の感状には「先年隅州岩剱干戈以来、夜白度々軍忠、誠以無比類候」とある。岩剱《いわつるぎ》での合戦とは二人の初陣であり、この兄弟の共通目標が〝三州統一〟であり、飫肥・飯野と常に伊東氏との最前線にあって苦労をかけた義弘への感謝の思いが伝わる。

豊薩和平の成立、肥後への進出

大友宗麟は南部三か国を除く九州六か国の守護職と九州探題を兼帯し、中国地方の毛利氏の九州進出を阻みつつ、北部九州諸勢力を従属下に置いていた。しかし、高城・耳川合戦での大敗により、各地で大友氏からの離反が進んでいく。特に肥前《ひぜん》佐賀（佐賀県佐賀市）の龍《りゅう》造寺隆信《ぞうじたかのぶ》は、高城・耳川合戦以前から島津氏との連携を図っており、筑後・肥後への進出を開始していった。大友氏の緩やかな支配下にあった肥後国でも、隈本《くまもと》（熊本県熊本市）の城《じょう》氏、宇土《うと》（同県宇土市）の名和《なわ》氏らが島津氏への従属を申し出、島津氏の進出を期待するようになる。義久・義弘兄弟自身はあくまでも〝三州統一〟が父祖以来の目標であり、肥後以北への進出は想定していなかったが、重臣たちは肥後国衆からの支援要請に応えるべきとの考えであり、否応なしに北部九州情勢に巻き込まれていく。

隈本・宇土への支援のためには、肥後南部の八代《やつしろ》・葦北《あしきた》・球磨《くま》三郡を支配する相良義陽《さがらよしひ》を従属させることが不可欠であったが、相良氏はこれを嫌った。また、大友氏の日向進攻時に連携を図った龍造寺隆信も、肥後北部の有力国衆を次々と従属下に置き、城氏・名和氏にも島津氏との手切れを求めるに至り、龍造寺氏との対決も不可避な状況となる。

折しも畿内《きない》制圧を実現した織田信長は、毛利輝元《もうりてるもと》との全面抗争に備え、大友氏と島津氏の和睦仲介に乗り出す。信長は近衛前久《このえさきひさ》に命じて、その家司伊勢貞知《けいしいせさだとも》を九州に派遣し、交渉にあたらせた。信長は大友氏が毛利氏へ圧力をかけることを期待しており、その背後を脅かす龍造寺氏と筑前《ちくぜん》の秋月種実《あきづきたねざね》（本拠は現在の福岡県朝倉《あさくら》市にある古処山城《こしょさんじょう》）への牽制を島津氏に期待した。義久は島津氏の日向支配とともに、相良氏攻撃を認めるよう大友氏に迫ったようであり、天正九年（一五八一）八月、両氏の和睦つまり「豊薩和平《ほうさつわへい》」が成立する。これにより島津氏による肥後進攻が開始される。

天正九年八月、義久ら四兄弟そろって肥後に進攻した島津勢は、相良氏の支城水俣城《みなまたじょう》（熊本県水俣市）を包囲する。相良義陽は龍造寺隆信に救援を求めるが間に合わず、義陽は島津氏に降伏し、その直後に阿蘇大宮司家《だいぐうじけ》との戦いで討死する。相良領のうち、八代郡と葦北郡は島津領となり、球磨郡のみが義陽の遺児忠房《ただふさ》に安堵《あんど》されている。

龍造寺隆信との対決と肥薩和平の成立

八代古麓城《ふるふもとじょう》（熊本県八代市）が島津氏による肥後支配の拠点となり、阿蘇大宮司家の家《か》宰甲斐宗運《さいかいそううん》と、肥後北部支配を固めつつ肥前南部の島原半島へと版図を広げる龍造寺氏と対峙することとなった。島原半島には日野江城《ひのえじょう》（長崎県南島原市）を本拠とするキリシタン大名有馬晴信《ありまはるのぶ》（当時は鎮貴《しげたか》）が龍造寺勢の圧力を受けており、島津氏に従属して救援を求めていた。天正十年（一五八二）、義久は義弘に飯野から八代への移封《いほう》を打診するが、田数不足を理由に断られている。肥後への積極進出に義弘は消極的であった。代わりに龍造寺氏との決戦を望んだのは、末弟家久である。

天正十二年（一五八四）三月、龍造寺氏に対抗するため、義久みずから肥後佐敷《さしき》（熊本県葦北郡芦北町）に出陣し、家久は兵三千を率いて島原半島に出陣する。家久の目的は、龍造寺方の島原浜《はま》の城《しろ》（長崎県島原市）攻略にあったが、龍造寺隆信はみずから二万五千ともいわれる大軍を率いて後詰に出陣し、三月二十四日に合戦となった（沖田畷《おきたなわて》の戦い、島原合戦）。この圧倒的劣勢であったが、島津勢は隆信本人を討ち取り、龍造寺勢は総崩れとなった。この勝利により、九州では大友・龍造寺・島津の三氏鼎立《ていりつ》の状況が崩れ、島津一強となる。龍造寺氏と連携していた筑前の秋月種実は、この戦いの前から〝大友氏包囲網〟構築のため龍造寺氏と島津氏の和睦仲介に動いていたが、龍造寺敗戦を受けて再度和睦仲介を義久に働きかける。

同年六月、義弘らは肥後北部の龍造寺方国衆討伐を決定するが、義久は秋月氏の提案を飲み龍造寺氏との和平を受諾するよう説得する。九月、義弘は大軍を率いて肥後北部に出陣し、同月末には龍造寺氏も拠点としていた海陸の要衝高瀬《たかせ》（熊本県玉名《たまな》市高瀬）を制圧する。ここで、龍造寺政家《りゅうぞうじまさいえ》・鍋島信生《なべしまのぶなり》（後の直茂《なおしげ》）・秋月種実から島津氏に従属する旨の起請文《きしょうもん》が提出され、義弘らはこれを受け入れる。これにより肥薩和平が成立した。この頃義久は、対外的に六か国を支配したとアピールしており、これは薩隅日三か国に加えて、豊薩和平によって譲られた肥後国と、龍造寺氏支配圏だった肥前・筑後両国を指している。

筑後支配をめぐる矛盾と義弘の「名代」就任

龍造寺政家が島津氏との和平を望んだのは、大友側の攻勢を受けていたからであった。筑前の大友氏重臣戸次道雪《べつきどうせつ》・高橋紹運《たかはしじょううん》は、豊後《ぶんご》勢とともに筑後に進攻し、龍造寺氏の拠点柳川城《やながわじょう》（福岡県柳川市）に迫っていた。天正十二年（一五八四）九月、戸次道雪らは、高瀬の義弘に対して共闘を持ちかけるが、肥薩和平を受諾した義弘は逆に筑後からの撤退を道雪に要請して、みずからも撤退する。それでも戸次道雪らは筑後に滞陣しつづけたため、龍造寺氏は島津氏に対処を求める。大友氏は筑後を自らの分国と認識しており、龍造寺氏の従属により筑後はみずからの分国に入ったと認識する島津氏との間に見解の相違が生じたのである。島津氏は豊薩和平と肥薩和平の矛盾に苦しむことになった。

同年十二月、鹿児島での重臣による談合では、大友側が撤退要請に応じない以上、豊後に進攻すべしとの強硬論が浮上している。さらに、天正十三年二月には、将軍足利義昭《あしかがよしあき》・毛利《もうり》輝元《てるもと》らの使者が鹿児島を訪れ、毛利・龍造寺・島津で〝大友氏包囲網〟を敷くことを提案している。これが豊後進攻論を後押ししたとみられる。

筑後情勢への対応と同時に問題となったのが、義久の体調不良と後継問題であった。天正十二年六月、義久は重臣に後継問題について諮問する。翌天正十三年二月、重臣らは義弘を後継とすることを決定し、義久は義弘に「名代《みようだい》」就任を打診する。これは、「国家之儀御裁判」にあたるポジションで、同時に八代移封を求めている。島津氏の分国が薩隅日三か国から肥後以北を含んだ六か国に拡大するなか、高度な政治的判断を義久と義弘で分有しようとの計画だったようである。義弘は当初断っていたようであるが、同年四月に受諾する。これ以後、義久・義弘は「両殿《りようとの》」と呼ばれるようになる。

肥後統一と大友氏との敵対

豊臣秀吉が四国の長宗我部元親《ちようそかべもとちか》を降伏させた天正十三年（一五八五）八月、阿蘇大宮司家は島津氏の支城花之山城《はなのやまじよう》（熊本県宇城《うき》市）を攻め落とし、島津氏に敵対する。大軍を率いて出陣した義弘は、同年閏八月、堅志田城《かたしだじよう》（同県下益城郡美里町《しもましきぐんみさとまち》）・御船城《みふねじよう》（同県上益城郡御船《かみましきぐんみふね》町《まち》）を攻略し、阿蘇惟光《あそこれみつ》は降伏する。これにより肥後国統一が実現した。義弘は御船城に入って肥後支配を進めるが、ここで大友氏からの密書が発見され、阿蘇大宮司家の敵対が大友氏の指示によるものであることが発覚する。同時期に日向佐土原の島津家久は、肥後に隣接する日向北西部を制圧し、肥後から豊後への進攻ルートを確保する。これにより豊後進攻論が急浮上した。

同年九月、龍造寺側の要請に応じ、義弘は軍勢の一部を筑後に派遣して大友方国衆の攻略に乗り出す。これを島津氏の敵対と判断した大友義統は、豊臣秀吉に訴えて支援を要請する。これを受けて秀吉は、十月二日付で大友・島津双方に停戦を命じる。いわゆる「惣無事《そうぶじ》令《れい》」である。大友氏はこれをすぐに受諾するが、島津氏は翌天正十四年正月に対応を協議し、曖昧な返答をする。これ以前に、既に豊後進攻を決定しており、その撤回は困難であった。

筑前進攻・豊後進攻

義久は豊後進攻論に当初から反対であったが、重臣たちは進攻を決定してしまう。義久は〝大友氏包囲網〟を持ちかけてきた毛利輝元の意向を確認する。しかし、天正十四年(一五八六)正月、輝元は返信を送り、秀吉の停戦命令を受諾したこと、秀吉に既に帰順したことを伝えて、義久にも従うよう助言している。これを受けて義久はなんとか豊後進攻を回避しようと画策する。一方、義弘は家久ら日向衆の多くが豊後進攻論に傾いていることを受けて、七月中の豊後進攻を強く主張するが、義久は霧島社《きりしましゃ》の鬮《くじ》をたてに筑前進攻を命じる。

天正十四年七月、義久・義弘はみずから肥後八代まで出陣し、伊集院忠棟《いじゅういんただむね》・島津忠長《しまづただなが》らは同月十日に筑紫広門《つくしひろかど》の居城勝尾城《かつのおじょう》（佐賀県鳥栖《とす》市）を攻略すると、同月二十六日に大きな犠牲を出しつつ高橋紹運が籠もる筑前岩屋城《いわやじょう》（福岡県太宰府市）を攻め落とす。残る大友方の拠点、立花宗茂《たちばなむねしげ》が籠もる立花山城《たちばなやまじょう》（同県糟屋《かすや》郡新宮町《しんぐうまち》・福岡市東区）攻略を目指すが、既に豊臣秀吉は島津討伐を決定しており、豊臣方の支援を受けていた宗茂は開城に応じず、島津勢は筑前からの撤退を余儀なくされる。

諸将は八代で善後策を協議し豊後進攻論を決定するが、義久は筑前進攻軍の失敗を厳しく批判し、これを認めようとしなかった。しかし、重臣らは九月七日に鬮を引いて豊後進攻を決定し、義久は渋々認めざるを得なくなる。

同年十月、義久は日向塩見城《しおみじょう》（宮崎県日向市）まで出陣し、日向口から島津家久が、肥後口から義弘が豊後に進攻する。家久勢は破竹の勢いで進撃し、十月末には大友宗麟の居城丹《に》生島城《うじまじょう》（大分県臼杵《うすき》市）に迫り、十二月十二日には戸次川《へつぎがわ》の戦いで豊臣勢の先鋒仙石秀久《せんごくひでひさ》・

長宗我部元親勢を撃破し、守護所府内《ふない》（同県大分市）を制圧する。

一方、義弘は志賀親善《しがちかよし》（親次《ちかつぐ》）が籠もる岡城《おかじょう》（同県竹田市）を落とせず、進撃が止まってしまう。義弘の判断の遅さに義久は立腹しており、義弘は釈明の手紙を送っている。義弘は豊臣勢の攻撃を受けている秋月種実から、筑前との境の玖珠《くす》郡への出陣を求められたが果たせず、天正十五年（一五八七）三月に府内に入る。

ここで義弘・家久は、足利義昭と豊臣秀長《とよとみひでなが》が派遣した使者と対面し、豊臣勢の進攻が近いことを知って撤退を決断し、三月十五日以降、日向・肥後方面に次々と撤退していった。

義久の和平交渉と秀吉への降伏

義久は豊後進攻前から豊臣政権との和睦を模索していた。天正十四年（一五八六）九月末には豊臣秀吉・秀長、石田三成《いしだみつなり》らに書状を送り、停戦命令には違反していないと釈明している。天正十五年（一五八七）正月にも、秀長・石田三成に書状を送り、戸次川の戦いは正当防衛だと主張し、和睦を求めている。

豊後から撤退した義弘は、三月二十日に日向都於郡城で義久と対面し、日向で防衛することを確認するが、四月には秋月種実が降伏し、秀吉は西回りで肥後・薩摩へと進攻していく。秀長は豊後から日向へと進攻し、四月上旬、新納院高城を包囲し、小丸川をはさんで南岸に強固な陣城《じんじろ》を構築する。四月十七日、義弘・家久らはこの陣城を急襲するが、黒田孝高《くろだよしたか》らに撃退され、多大な被害を出してしまう（根白坂《ねじろざか》の戦い）。

この敗戦を受け、義久は鹿児島に撤退する。そして、剃髪《ていはつ》した上で五月八日、川内泰平寺《たいへいじ》（薩摩川内市）に布陣していた豊臣秀吉のもとに出頭し、降伏する。翌日秀吉は、義久に薩摩一国を安堵している。一方、義弘は居城飯野城に籠もり、徹底抗戦の姿勢を示していたが、島津家久を降伏させて野尻《のじり》（宮崎県小林市野尻町《のじりちょう》）まで南下した豊臣秀長の説得を受け、五月十九日に降伏し、同月二十五日までに秀吉のもとに出頭する。二十五日、秀吉は義弘に大隅国一国を、義弘の子久保《ひさやす》に「日向国真幸院付一郡」を安堵した。これにより、島津氏は豊臣大名となったのである。

豊臣大名としての義久・義弘

降伏後の島津家は、大幅な領地の削減にともなう知行地《ちぎょうち》不足と豊臣政権からの諸役賦課により大混乱をきたすようになる。加えて義久・義弘が交代で京・大坂に詰めることになり、二人の政権との距離感に大きなズレが生じていき、それが対立へと繋がっていった。天正十六年（一五八八）六月、上洛した義弘を秀吉はいきなり「従五位下侍従《じゅごいのげじじゅう》」に叙任し、以後義弘は「羽柴薩摩侍従《はしばさつまじじゅう》」と呼ばれることになる。ほかの国持の豊臣大名と同様に「公家《くげ》成《なり》」して羽柴名字を与えられたのである。その一方で義久は「修理大夫」のままであり、羽柴名字は与えられなかった。つまり、秀吉は島津家の代表を義弘としたのである。

　秀吉は「唐《から》入《い》り」（明出兵）を見据えて御前帳《ごぜんちょう》の調進を命じるが、国元は混乱状態にあり充分に対応できなかった。そんななか、政権との取次を担った石田三成・細川幽斎《ほそかわゆうさい》は強引に島津領の石高を確定し、文禄《ぶんろく》の役《えき》にあたり島津家に一万五千人の軍役を賦課するが、実際に朝鮮に渡海する義弘のもとにはまったく兵が集まらなかった。天正二十年（一五九二）三月、日本軍は次々と朝鮮に上陸していったが、義弘は船すら調達できずに五月三日にようやく釜山（プサン）上陸を果たしている。義弘はこれを「日本一之遅参」と自嘲し、国元、特に義久の非協力的態度を非難するようになる。さらに同年六月には、島津氏家臣梅北国兼《うめきたくにかね》が、加《か》藤清正《とうきよまさ》領の肥後佐敷《さしき》を乗っ取るという反乱を起こしており（梅北一揆）、責任を負わされる形で、義久・義弘の弟歳久が、七月十八日に討ち取られている。

太閤検地から庄内の乱

義久としては、政権からの指示をないがしろにしていたというより、戦国期以来の重臣の談合を承認する体制を維持していたにすぎないが、義弘・伊集院幸侃《いじゅういんこうかん》（忠棟《ただむね》）を軸に島津家の改革を図りたい石田三成は、義久を政策決定から外そうとした。天正十七年（一五八九）の段階で、義弘の子久保は秀吉の意向により、義久の三女亀寿と婚姻し、次期当主となることが内定していたが、文禄二年（一五九三）、三成は朝鮮在陣中の義弘に迫って、秀吉の命により強制的に義久を隠居させ、久保に家督を継がせようとした。しかし、九月八日、久保は朝鮮巨済島《コジェド》で病死し（享年二十一）、この企みは未遂に終わる。

文禄三年（一五九四）九月から、石田三成の奉行衆により、島津領内で「太閤検地《たいこうけんち》」が実施され、翌文禄四年六月、秀吉は島津領五十五万九千石余すべてを義弘に宛行《あてが》う。あわせて、義久には歴代の守護所鹿児島からの退去が命じられ、義弘の鹿児島居住が命じられた。義久は、大隅に富隈城《とみくまじょう》（鹿児島県霧島市隼人町《はやとちょう》）を築いて移り、義弘は義久への遠慮からか大隅帖佐《ちょうさ》（鹿児島県姶良市鍋倉）に館を築いて移り住む。守護所鹿児島には、朝鮮在陣中の

島津義久・義弘略系図

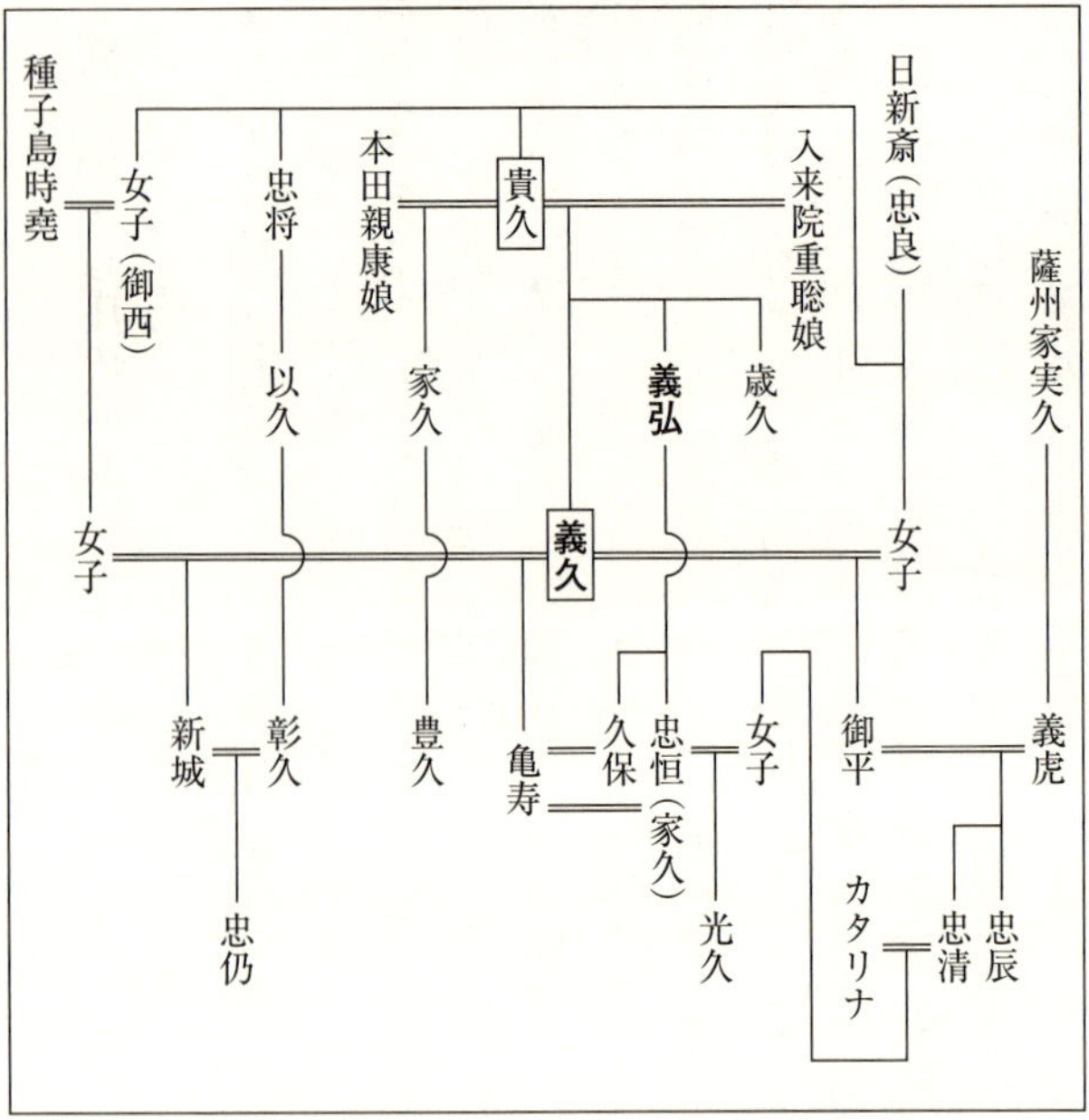

次期当主忠恒《ただつね》（後の家久）を入れる意向を示した。検地にともないすべての家臣を移封するとの意向が政権側から示され、知行《ちぎょう》配当は石田三成に近い伊集院幸侃主導でおこなわれた。義久・義弘の蔵入地《くらいりち》がそれぞれ十万石と大きく増え、伊集院幸侃も日向庄内を中心に八万石を宛行われたが、ほとんどの家臣は実質減封《げんぽう》となり、家臣団の不満は伊集院幸侃に集中することになる。

　慶長三年（一五九八）八月十五日に秀吉が没すると、朝鮮の諸将には撤退命令が出される。同年十月一日、義弘・忠恒は秀吉の死を知って攻勢に出た明・朝鮮連合軍を、泗川《サチヨン》の戦いで撃破し、十二月に無事帰国を果たす。慶長四年正月九日、徳川家康ら五大老は、義弘・忠恒の軍功を賞し、五万石を加増するとともに、忠恒をいきなり「少将」に任じて公家成させ、義弘を参議《さんぎ》とする。これを受けて義久は、二月二十日、忠恒に家督の証《あかし》である「時雨軍旗《しぐれぐんき》」を譲り、帰国する。

その直後の三月九日、忠恒は伏見《ふしみ》屋敷で伊集院幸侃を斬殺する。石田三成は激怒するが、直後にいわゆる七将《しちしょう》襲撃事件により失脚してしまう。国元の幸侃の子伊集院忠真《いじゅういんただざね》は、庄内十二の外城《とじょう》に兵を入れ挙兵する（庄内《しょうない》の乱）。伏見から離れられない義弘に代わって義久が指揮をとり、伊集院方への攻撃がおこなわれるが、伊集院方は肥後の加藤清正や日向飫肥の伊東祐兵《いとうすけたか》の支援を受け、頑強に抵抗を続けた。最終的に徳川家康の仲介で、伊集院忠真は開城し、島津家に復帰することで乱は終結するが、領内に危険分子を残したまま、関ヶ原の戦いが始まってしまう。

関ヶ原の戦いと戦後処理

庄内の乱の最中、伏見にいた義弘は、慶長五年（一六〇〇）六月、上杉《うえすぎ》攻めのため京を離れる徳川家康から、伏見城入城を依頼されたという。しかし、七月に石田三成が挙兵すると、義弘は伏見入城を断られ、やむなく西軍についたという。寡勢であった義弘は在京中だった甥《おい》の島津豊久《しまづとよひさ》（日向佐土原城主）と合流し、国元に援軍を要請するが、義久・忠恒はこれに応じなかった。庄内の乱で疲弊したことに加え、薩摩頴娃《えい》（鹿児島県南九州市頴娃町）に残った伊集院忠真と、肥後熊本の加藤清正、日向飫肥の伊東勢への警戒から兵を出せなかったようである。結局、自主的に上京した兵を含めて千五百の兵で九月十五日の本戦に参戦した義弘は、豊久など多くの犠牲を出しつつ帰国を果たす。

同時期、飫肥の伊東勢は宮崎城を攻め落とし、島津領や佐土原の豊久領にたびたび進攻し、義久はその対応に追われた。また、肥後では西軍の小西行長《こにしゆきなが》の留守居からの援軍要請を受け、加藤領に進攻している。義弘が帰国すると徳川方との和睦交渉が長期にわたって続く。焦点は義久の上洛・釈明であったが、加藤清正・伊集院忠真に通じる島津以久《しまづもちひさ》（義久・

義弘の従兄弟《いとこ》）の策動もあって上洛は実現せず、最終的に慶長七年（一六〇二）に伊集院忠真一族を誅殺した上で、義久の代わりに忠恒が上洛し、十二月に徳川家康に拝謁して、島津領の安堵・義弘の助命・忠恒の家督継承を勝ち取る。

義弘は島津氏の家督を継承したか？

天正十三年（一五八五）四月に義弘は次期当主含みで「名代」となるが、同十五年に豊臣政権に降《くだ》ると、次期当主は義久の娘聟《むすめむこ》となった久保に内定している。文禄二年に久保が亡くなると、その弟忠恒が義久の娘聟として次期当主に内定し、慶長四年（一五九九）二月に義久から家督を譲られている。文禄四年（一五九五）六月に秀吉から島津領全体を安堵されたことで、義弘の家督継承とみなす説もあるが、無理があろう。忠恒はあくまで義久三女亀寿の聟として正統性を獲得したのである。義弘が創建した大隅加治木《かじき》（同始良市加治木町）の吉祥寺《きつしようじ》住持は、法華経一万三千部を読誦《どくじゆ》し、元和《げんな》二年（一六一六）二月に記念碑を建立する（精矛《くわしほこ》神社に現存する「経塚」）。これには「檀越《だんおつ》島津十七代藤原義弘」とあり、義弘の亡くなる二年前には、十七代当主と認識されていたことがうかがえる。義久没後に、義久―

義弘―忠恒と家督が継承されたとの見解が示され、のちのち藩の公式見解になっていった。

義久・義弘の最期

義久は慶長九年（一六〇四）十二月に居城を富隈城から国府舞鶴城《まいづるじょう》（同霧島市国分《こくぶ》中央《ちゅうおう》）に移し、晩年を迎える。最後は鳩を飼うなど悠々自適の生活を送り、慶長十六年（一六一一）正月二十一日、義弘や亀寿に看取られて亡くなっている（享年七十九）。義弘は慶長十三年（一六〇八）十一月に居城を加治木屋形《かじきやかた》（姶良市加治木町）に移し、ここが終《つい》の棲家となった。兄義久より長生きしたが、元和三年（一六一七）二月に「中風」（脳卒中）で倒れ、元和五年七月二十一日に没した（享年八十五）。

第七章

島津家久の治世

慶長六年（一六〇一）〜寛永十五年（一六三八）

島津家久
尚古集成館所蔵

近世薩摩の基盤を築いた家久の実力

島津《しまづ》家久《いえひさ》（忠恒）の藩主在位期間は、慶長《けいちょう》六年（一六〇一）から寛永《かんえい》十五年（一六三八）。島津家十八代当主で薩摩藩初代藩主である。父は島津義弘《よしひろ》。正室の亀寿《かめじゅ》は伯父・島津義久の娘で、初め忠恒《ただつね》の兄である久保《ひさやす》と結婚したが、朝鮮の役で久保が死亡したため、死後に忠恒と結婚した。つまり忠恒は義弘の子であり、且つ島津家当主義久の娘聟となった。忠恒は徳川家康の「家」を賜字され、家久と改名するが、叔父・家久と同名のために忠恒の名を使われることが多い。

父・義弘による関ヶ原合戦での敗戦、そして、伯父・義久による戦後処理問題、それらを解決したのが家久であり、上洛による家康への謝罪・和解交渉が功を奏して島津家の安定を導いた。

家久は、夫人及び二男・光久《みつひさ》（二代藩主）を諸藩に率先して人質として幕府に出しており、寛永元年（一六二四）七月に鹿児島を発し、翌年四月に江戸に着いた。このことが、妻子を江戸に在住させる制度の先駆けとなったといわれる（『旧記雑録後編七七』）。

家久の決断力や対応の速さは並外れた能力だったといえよう。その能力の高さで家久は、各方面における近世薩摩藩の基盤を確立したといえる。権力志向が強かった家久は、実に強硬に権力基盤を構築した。領国内の伊集院幸侃《いじゅういんこうかん》事件などの他氏排斥はもちろん、薩摩藩の外交史は特筆すべきことが多い。本来近世に限定した論述をすべきであるが、近世島津氏を論ずるには、中世の伊作島津氏がなぜ本家島津氏を継承する実力をつけ、さらに鹿児島進出後にはどのような展開を計ったかを考察対象とし、近世前史としての中世史を少し加えたい。

祖父・島津貴久の貿易史観

島津貴久が伊集院一宇治城《いちうじじょう》から鹿児島の内城に移ったのは、鹿児島の地理的・経済的重要性を認識したものであり、島津氏の三州統一に大いに貢献するところがあったといえるとの指摘（『鹿児島市史Ⅰ』）は的を射ている。鎌倉以来の伝統的武家として認識されている島津家において、本家島津家が伊作島津家によって継承されるという歴史的大変化が起こったのである。

この頃の中世鹿児島を巧みに表現した史料として、コスメ・デ・トルレスの日本に関する報告がある（ルイス・フロイス『日本史1』）。

かの薩摩国は非常に山が多く、したがって元来貧乏で、食糧品の供給を他に仰ぐよりほか途がない。この困難を除くために、その国の人びとはずっと前から八幡《ばはん》といわれたある職業に携わっている。それはシナの沿海や諸地域へ掠奪鹵獲《ろかく》に出かけていくことであって、そのためにはその力相応に、大きくはないが多数の船を準備するのである。

史料は、天文二十一年（一五五二）に宣教師がみた鹿児島の状況を報告したものである。薩隅地域の生産性の低さを指摘する一方、「八幡」といわれる職業（海賊行為）の表現ではあるが、中国沿岸・琉球などへ航海する、小さいが多数の船を所有していることを意味している。

また、岡本良知《おかもとよしとも》『十六世紀日欧交通史の研究』は、山川（鹿児島県指宿市山川金生町）滞在の宣教師ジョルジ・アンワーレスの日本に関する報告書（一五四七年）を挙げ、「阿久根《あくね》、京泊《きょうどまり》、米ノ津《こめのつ》、秋目《あきめ》、坊、予の在りし港である山川、鹿児島、東の方には別に次の諸港がある。根占《ねじめ》、湊《みなと》（内浦《うちうら》）、（以下略）」と領内の良好な港が列挙されている。

さて、戦国大名・島津貴久は南蛮・唐貿易に対してどのような考えを持っていたかを示す好史料がある。そこには（一五六一年、鹿児島の王貴久より耶蘇会印度《やそかいいんど》地方区長宛）次のように書かれている。

ポルトガル人は、善人なるが故に、我が国に彼等の来ることを喜び、当地に対し少しも危害加へず、却《かえつ》て何事にも便宜を与ふべし。貿易の為《た》め彼等が予の国に来ることは喜ぶべし、（中略）、予が心は海岸に出て彼等の来るを待てり、

このように、貴久の南蛮・唐貿易に対する期待は大きいものがあったことが窺える。伊作島津家が本家島津家を継承した政治的・軍事的背景には、伊作島津家時代の海外貿易の成果による経済力の蓄積が重要視されたと推察される。

しかしながら、その後の宣教師の布教活動に対して、島津氏は布教活動と貿易を分離する政治的判断をしたことが次の史料から知ることができる。

当所（鹿児島）へ南蛮僧仮屋を被遣候て召置候、伯囿様（島津貴久）様已来彼宗御いましめの儀候間、談合を以、当所へ被召置候ハぬ様にとの上意也、各尤之由也、
（『上井覚兼日記《うわいかくけんにっき》上』天正十一年三月五日条）

「南蛮僧のために鹿児島城下に仮屋（教会）を与え、居住を許可してはいるが、布教については貴久以来禁止である。副管区長（コェリュ）師は、薩摩の国が次第に強大さを増していくのをみて、（かねがねイエズス会員が）同国に入りこむことを強く希望しており、同国の幾人かの実力者たちの好意を獲得するために、贈り物を携えて（同僚をして彼らを）訪問させようと心掛けてきた。ところですでに一年近く、一人の（イエズス）会の司祭と修道士が山川港に住んだことがあって、彼ら実力者たちは、同港をキリシタンの港として、（イエズス）会に提供し、毎年、（ポルトガルの）定航船が来航するようにと目論んでいたからである」
（フロイス『日本史』西九州篇Ⅱ）

右の『日本史』の記述によると山川開港の交渉主体となったのは、副管区長コェリュであるかのような印象を受けるが、真の交渉主体は、巡察師アレッシャンドロ・ヴァリニャーノであったことが次のように記されている。

その他若干のキリスト教徒が、薩摩と称せられる国内に散在している。この国は有馬からおよそ二十レーグア離れ、その国王は三カ国の領主であって、非常に強力である。したがって、我等は何年も前にその地に修道院を設置するように希望した。この地は聖なる追憶のうちにあるマエストロ・フランシスコ・ザビエルが入国した最初の土地であることのほかに、同地に司祭館を設立したい我等の希望が実現する方向に事情は好転しているので、今はもはや設立されているかも知れぬ。というのは、私が日本を出立する時、この国王から司祭館設立の許可を得たので、もし本年、日本むけの船が失われて困窮するという事態が生じて妨げられない限り、直ちに司祭館を設置するよう副管区長に委ねてきたからである。

（ヴァリニャーノ『日本巡察記』平凡社東洋文庫所収）

以上のヴァリニャーノの証言によれば、山川開港（定航船入港地化）は島津氏側の希望であったことがわかる。

義久の山川港直轄港化＝国際貿易構想

島津氏が山川港を直轄港としようとしたのは、唐船貿易のみならず、南蛮貿易を掌握することが目的であったことは自明の理である。伊作島津氏による本宗家継承や鹿児島進出・三州統一及び九州統一などの拡大戦略をとったのは、貿易による経済力の蓄積を見据えていたからだといえる。しかしながら、この重要な山川港問題を取り扱った論文は少なく、武野要子《たけのようこ》「島津氏の外交と貿易」（ミネルヴァ書房『藩貿易史の研究』）・桑波田興《くわはたはじめ》「島津氏の南蛮交易に関する一資料」（西南地域史研究会編『西南地域の史的展開　近世編』）が知られるのみである。

島津氏が山川港を拠点港として確保したのは、天正《てんしょう》十一年（一五八三）のことであり、当時は九州制覇を目指す上での難敵龍造寺《りゅうぞうじ》氏対決を翌年に控えた時期であった。このような緊迫した政治・軍事状況のなかで、布達《ふたつ》された「条々《じょうじょう》」（『旧記雑録後編《きゅうきざつろくこうへん》二』）に島津氏の貿易理念が見出される。なお、条々は差出所、宛所、年月日を欠いているが、内容や朱書付注から、天正十一年に島津氏老中（家老）から山川地頭頴娃久虎《えいひさとら》宛と思われる。

条々

一、山川湊の儀、先規御料所歴然の条、其筋に違わず諸公役丁寧あるべき事、

一、唐土・南蛮船着岸の時は、則鹿児島において相談を遂げ嗳《あつかい》しかるべき事、

一、寺社家幷《ならびに》地下人に至り、或遺恨等、或咎有りと雖も、堅く公儀に達せられ、明鏡の沙汰肝要の事、

但、忽《たちま》ち打果らるべき程の罪人たるは不可及懸合歟、

「御譜ノ朱カキ」

「天正十一年」

「朱カキ」

「頴娃殿山川地頭定の節、老中より遣わされ候案文也」

「条々」は三条からなり、直接貿易に関する第二条では、中国船・南蛮船が山川港に入港した時の処置について、鹿児島（島津氏）に報告し、島津氏承諾の上で対処するように命じている。他の二か条からは、外交・貿易権は戦国大名領国経営の根幹と判断し、領主権として

の支配を明らかに位置付けるなど、島津氏による山川港の貿易環境の整備・充実は政治的配慮の施策が窺える。第一条は、山川港を含む山川・頴娃・指宿の領主であった頴娃氏から領主権を剝奪した上で、島津氏の御料所とする直轄領とし、頴娃氏を管理者に新たに任命するものではあるが、島津氏の支配権の確立を示している。

また、第三条は、山川港で寺社家幷地下人に対して遺恨を持ち、犯罪を犯す者があったなら必ず公儀《こうぎ》（鹿児島）に報告し、懸合《かえあい》（協議）の上で、明鏡な処置を加えると命じている。即ち、山川港での紛争の回避及び紛争の裁決権の行使を制限することによって公平・公正な裁決を推進するものといえる。但し、犯罪が明白で緊急の場合は、即断で処罰ができるとしている。

国際港・自由貿易港として山川港を発展させ、諸外国に認識されることを目標とする島津氏は、山川地頭の裁判権・執行権を極力制約し、貿易・外交の対外交渉権を直接支配することを目指した。戦国大名島津氏はみずからの領主権をも制約することによって、外国船の輻《ふく》輳《そう》する貿易港の確立を最優先にしたといえる。

家久の貿易構想と実践

慶長八年（一六〇三）六月七日付「唐船着津ニ付被　仰出条々」（『旧記雑録後編三』）によれば、領内での唐船貿易の促進を制度的につくり上げようとする政策が窺える。

この条々では、中国船の自由貿易と中国商人の保護を優先するなどの自由貿易を標榜している。また、「須知《すち》（須《すべか》らく知る）」（「薩州唐物来由考」）に、「官買並ニ他国ノ諸商交易之時、売買之貴賤有ルベカラザル事」「貨物大ト無ク、小ト無ク、定メテ国主ノ所用有ル者ハ我カ有司ニ覆蔵スルコト無カレ、国主若シ用ナケレバ商客恣《ほしい》ママニ売買シ去レ」とあり、領主の御用物先買いを前提とはしているものの、領主や他国商人との交易は区別する必要はないとし、他国商人と領国商人との交易活動の平等が史料から読み取れる。

さらに、「価之貴賤ヲ論セズシテ、濫《みだり》ニ権威ヲ揮テ売買ヲ効スベカラザル事」の条では、商品価格や取引量について権力による介入があってはならないことを命じている。他国商人を意識した内容となっていることは、領国だけでなく広域の交易圏構想を掲示するものといえる。

また、「口舌ヲ以テ、而シテ争フベカラザル事」「商客若シ銭穀之要用有ラバ、之レヲ官庫ノ有司ニ報ゼヨ、有司其ノ求ニ応ズベシ、他人之銭穀ヲ須《もとむ》ベキモアラザル事」の項目もあり、喧嘩・口論を禁ずるとともに、中国人から銭や穀物の要請があれば藩は対応する用意があることを示し、藩による治安などの貿易環境の基礎条件の整備が認められる。

薩摩藩の職制に「唐船奉行《からふねぶぎょう》」がある。これは外国商船が領内各港に渡航し、交易活動をしてきた実績を背景に設置されたものであり、職名である唐船に限定したものではない。職務は、「異国船到来着之節、其浦々江差越諸取締且御用物買入方之差引仕候」とあり、外国船入港に際して、その地に赴き円滑な貿易を推進することと御用物買いを指揮することが任務となっている。なお、最初の唐船奉行に就任したのは本田助之丞（親貞《ちかさだ》）・五代《ごだい》右京入道（友慶《ともよし》）の両名であり、慶長八年（一六〇三）となっている（『職掌起原』）。

居付中国人と学僧によって担われた通訳

近世以前の島津氏側近には卜占《ぼくせん》・医官・薬師・通訳を務める中国人の存在が数多く認められ、領内諸港各所に居付《いつき》中国人の活躍も知られている。中枢部や地域での重要な役を果たしている彼らの存在が、円滑な貿易活動を育んできた。前述の「須知」の条目に「事若シ偽言有ラバ、王庭ニ揚テ、之ヲ必ズ其ノ罪ヲ鳴サン、誠ヲ尽シテ以テ衆客ニ告ケ、通事之言ヲ以テ真ト為シテ、而《しか》シテ細事ヲシテ之ヲ官府ニ告ゲ使シムルコト勿《なか》レ矣」（「薩州唐物来由考」）とある。つまり、貿易行為の取り扱いで意図的な虚言があってはならないし、もし虚言があった場合はその罪を明らかにし罰を与える。通事たるものは通訳として充分な誠意を尽くし、商人間の交易を円滑に進める役割を公権力（島津氏）が求めたものであり、誤訳や取引でのトラブルの回避を喚起している。

また、慶長《けいちょう》十年（一六〇五）三月二十七日付家久より惟新《いしん》宛書状には、「唐人申分共在之時、通事之口にて相違迄ニ御座候間、唐人之書物を取候て、何時も老中衆直ニ大龍寺ニ相談以相済候様ニと申置き候」（『旧記雑録後編四』）と、中国商人から貿易上のトラブルの申し入れがあった場合は、事実確認のために通事の説明だけではなく、中国商人筆記の書きものを家老に提出させ、その指摘する問題を老中は確認し、さらに最終的には大龍寺《だいりゅうじ》住持《じゅうじ》南浦文《なんぽぶん》之《し》に照会し、問題解決にあたることが指示されている。交易上の問題点を確実に把握し、解消しようとする姿勢が窺える。藩庁機構の決裁権者である家老の上位に大龍寺住持・南浦文之を据えたことは貿易・外交の特異性と南浦文之の果たす役割の重要性を認識してのことであったと推察される。

　このように江戸初期の薩摩藩の通事は、居付中国人と学僧によって担われていた。居付中国人とは帰化中国人のことであるが、単なる通訳としてではなく貿易業者をも兼ねる者が多かったと思われる。例えば、阿久根の河南《かわみなみ》（汾陽）氏や国分《こくぶ》の林氏等をはじめ領内貿易港には貿易に関係する居付中国人が多くみられる。また、諸郷《しょごう》の大寺には学識ある住持がおり、漢学・中国文字に通じ筆談の要件は充《み》たしていた。大龍寺の存在は、領内寺院・学僧の頂点を意味し、その構成寺院は諸郷の中核をなし、交易の場に臨むことができたのである。唐船の頻繁な往来による活況を呈していたと推測される。

　領内貿易で取引された生糸等の東南アジア貿易品は、領内商人と他国商人の平等的取扱いを唐船奉行がおこなうことの確認がなされているが、他国商人とはどこの・誰なのか。慶長十一年（一六〇六）十二月二十四日付、本田・蒲池《かまち》宛島津家久書状に「南蛮船糸之儀付、京大坂之衆召列下向候処」（『旧記雑録後編四』）とあり、薩摩地域での貿易を支えていたのは京・大坂の商人団であり、島津氏の京坂商人との結びつきは慶長三年六月二十四日付「京都にて礼物申上候覚」（『旧記雑録後編三』）に、田辺屋又左衛門尉・菊屋宗可・八十島助左衛門尉・後藤徳乗《ごとうとくじょう》・薬屋久徳がみられ、また、慶長六年六月六日付義弘宛家久書状に「山川へ着船候京衆之申分承るべきとして」（『旧記雑録後編三』）とある。

同年八月十一日付島津家老中宛鎌田政近《かまたまさちか》書状（『旧記雑録後編三』）には、島津氏から幕府への進物が白糸・紅糸であったことが記されている。京都・堺では中国生糸が不足したり、驚くほどの高値であったことから、薩摩地域での貿易拡大の可能性があったことがわかる。薩摩地域での領内貿易は近畿地域の貿易商人に支えられ繁栄していたのである。

この時期に、日本の大航海時代ともいえる朱印船貿易が東アジア地域へ展開されていた。薩摩地域は領内での異国船貿易に加え、東アジア世界に雄飛《ゆうひ》する朱印船貿易の一翼を担った貿易の要衝の地であったことから、次に島津氏の朱印船貿易活動をみることにする。

朱印船貿易――日本の大航海時代　最大の朱印船貿易大名島津氏

朱印船貿易の原初的形態は豊臣秀吉によって創始され、徳川家康により確立・発展したものであり、統一権者がその権力によって東南アジア各地への渡航貿易の許可を朱印状の形式で付与した貿易制度である。下付《かふ》された朱印状には、渡航先別に国名が明記されているが、総称として「異国渡海朱印状」と呼ばれている。当時の東アジア世界は、中国を宗主国と仰ぎ、進貢《しんこう》する侯国《こうこく》との間に主従関係が成り立っていた。進貢の献上物に対し、中国皇帝が下賜する形態とはいえ、下賜品として膨大な物資が動くために進貢貿易の名で呼ばれている。

日本は中国を宗主国とする進貢貿易には参加せず、中国以外の第三国への渡航及び中国船との出会貿易《であいぼうえき》による独自の貿易形態を構築したのが、朱印船貿易制度である。ポルトガルの東洋・日本進出による貿易拡大に遅れながら、江戸幕府が海外渡航の特権を付与することで、「日本版大航海時代」とも呼ぶべき、「朱印船貿易」時代が現出し、東南アジア各地に「南洋日本人町」を形成するなどの海外飛躍の積極的な貿易活動を展開した時代であった。

島津氏が受給した朱印状は「異国御朱印帳」「異国渡海御朱印帳」（『増訂異国日記抄』）から拾いあげたものに「異国御朱印帳」に記載はないが、原物が存在する「異国渡海御朱印状」の大迫《おおさこ》文書を加えると次のようになる。

渡航先	下付年代	下付者	受給者	染筆者	備考	典拠
東埔寨	慶長9・8・26	徳川家康	島津陸奥守	承兌		異国御朱印帳
	慶長9・閏8・12	徳川家康	島津睦守	承兌		異国御朱印帳
	慶長12・10・6	徳川家康	不明	不明	大迫文書	記載なし

暹羅	慶長9・閏8・12	徳川家康	島津陸奥守	承兌		異国御朱印帳
	慶長12・10・18	徳川家康	島津陸奥守	承兌		異国御朱印帳
	慶長14・1・11	徳川家康	島津陸奥守	元佶		異国御朱印帳
安南	慶長10・7・1	徳川家康	島津陸奥守	承兌		異国御朱印帳
	慶長10・7・3	徳川家康	島津陸奥守	承兌		異国御朱印帳
西洋	慶長10・7・3	徳川家康	島津陸奥守	承兌		異国御朱印帳
	慶長11・9・17	徳川家康	島津陸奥守	承兌	船頭次山	異国御朱印帳
呂宋	元和元・9・9	徳川家康	島津陸奥守	金地院崇伝	琉球人	異国渡海御朱印帳

慶長九年（一六〇四）から元和《げんな》二年（一六一六）までの十三年分の合計は百九十五通とされる。最大の朱印船貿易家とされる京都の商人・角倉了以《すみのくらりょうい》父子は十六通受給しているとはいえ、元和二年までの受給は九通であり、角倉氏と比較しても島津氏の受給数は遜色なく、最大級の朱印船貿易家であったといえる。なお、元和元年呂宋《るそん》渡航朱印状は島津氏を介して琉球人に与えたとされる（「自日本到呂宋国舟也、琉球人ニ被遣由也、島津陸奥守殿さつまニ被下」）。

旺盛な貿易活動を展開していた島津氏などの西国大名に対し、慶長十四年（一六〇九）九月に「家康、西国大名ニ命ジテ、五百石積以上ノ大船ヲ淡路ニ廻燥セシメ、九鬼《くき》守隆《もりたか》ヲシテ之ヲ検収セシム」（『大日本史料』）との命令があり、島津氏への令達が『島津国史《しまづこくし》』をはじめ諸史料に収載《しゅうさい》されるが、五百石船を供出した記録の史料は見当たらない。しかし、この大船没収令発令後の翌々年までに、西国大名による朱印船貿易は事実上停止されている。元和元年に島津氏下付の琉球人受給朱印状は例外的なものといえる。大船没収令は西国大名の海軍力を規制するのが目的であり、以後貿易商人たちに朱印船貿易の主体が推移するとともに、貿易港も規制され、次第に長崎一港に限定されるようになっていった。

鎖国に至るまでの朱印状下付の累計は、少なくとも三百五十六通に及ぶという（『新版朱印船貿易史の研究』）。大名では島津家久、松浦鎮信《まつらしげのぶ》、有馬晴信《ありまはるのぶ》、鍋島勝茂《なべしまかつしげ》、亀井茲矩《かめいこれのり》、加藤《かとう》清正《きよまさ》などの主として西国大名、商人では京都の角倉了以父子、茶屋四郎次郎《ちややしろうじろう》、大坂の末吉孫《すえよしまご》左衛門《ざえもん》、長崎の船本弥七郎《ふなもとやしちろう》、末次平蔵《すえつぐへいぞう》父子、荒木宗太郎《あらきそうたろう》など、欧州人ではヤン・ヨーステンやウイリアム・アダムス（三浦按針《みうらあんじん》）や在留の中国人が貿易の担い手となっていた。朱印船貿易形態が寛永八年（一六三一）には老中発給の奉書を交付する制度に替わり、同十年に奉書船以外の海外渡航が禁止され、同十二年日本人の海外渡航及び帰国の全面的禁止となり朱印船貿易制度は終わった。

島津氏が関ヶ原の合戦（慶長五年）では家康軍に敵対した勢力でありながら、朱印状を受給できた経緯の詳細は解明できていないが、慶長八年（一六〇三）より朱印状獲得の画策がなされている。島津氏が朱印状を申請する時には、山口駿河守直友《やまぐちするがのかみなおとも》から本多上州（正信《まさのぶ》）に上申するという朱印状下付手続きの一定の構図がみられる。島津氏が徳川家康側近で頼ったのは山口駿河守であり、庄内の乱・関ヶ原合戦の戦後処理に山口駿河守の格別の配慮があり、この実績から島津氏の絶対的信頼が寄せられていた。山口駿河守の働きが島津氏の朱印状獲得に大きな役割を果たしたことは明白である。

島津氏の朱印船貿易経営

慶長五年（一六〇〇）正月、徳川家康は慶長の役で被虜《ひりょ》となった明将・茅国科送還を島津氏に命じた。島津氏は領内の海商鳥原宗安を明に派遣し、梅花港から北京と送り届けた。その功労に神宗《しんそう》皇帝が建造船を下賜《かし》し、さらに、幕府が期待していた明との貿易への道を開く契機ともいえる福州より歳遣《さいけん》貿易船二艘《そう》を送る約束がなされたという。約束は実施され、翌年二艘の明国商船が渡航してきたが、硫黄島近海で堺の商人伊丹屋助四郎《いたみやすけしろう》一党の海賊に襲来され、明国の信頼を失い貿易通商の道は絶たれた（『南聘紀考』《なんへいきこう》）。日本と明国との通商貿易は徳川家康の外交上の重要課題であり、島津氏の外交交渉に打開の糸口を期待していた。

当時の朱印船の大きさについて、『崎陽古今物語』《きようここんものがたり》から摘記する。

「舟は日本前を名付て唐船作りニ似たる船」と、「日本前」とは日本での製造を意味するが、外洋航海に優れた中国ジャンク船の型式であることを「唐船作り」が示している。積載量についても「五六十万斤、或七八十万斤ツヽ積申、大舟ニ御座候」と、五十〜八十万斤にも及ぶ大船が建造されていた。『華夷通商考』《かいつうしようこう》では、さらに詳細に「南京ノ船ハ皆小船也、日本ノ十六七帆ノ舟ヨリ大ナル者ナシ、漳州・広東ヨリ出ル船ニハ日本二十端帆ノ大サ成者モアリ、唐土ニテ船大小ヲ言ニハ皆斤目ニテ言事ナリ、其大船ハ荷物五六十万斤、次ハ三十万斤或二十万斤、小船ハ万斤ノ者也、又唐人天竺・暹羅等ノ国ニ往テ、彼地ヨリ長崎ニ来ル船ハ造リヤウ又別也、荷物百万斤百五十万斤、又ハ二百万斤ノ大船ナリ」と、中国各地や暹羅《しやむ》などの船の大きさが記されている。

慶長七年（一六〇二）三月二日付山口直友宛義弘書状には、京都の商人・宗香が呂宋《るそん》渡海のため鹿児島に下向《げこう》するので山口駿河守から応接を依頼された。それへの答書であり、充分な対応をする旨が述べられている（『旧記雑録後編三』）。重要なことは薩摩を経由しての呂宋渡海であり、幕府が展開する朱印船貿易での薩摩藩の役割の広がりがみえることである。小田原平右衛門尉《へいえもんのじょう》の朱印船は、慶長九年に秋目《あきめ》（鹿児島県南さつま市）から呂宋に渡航し、同十二年加世田（南さつま市東部）の片浦《かたうら》に帰航したとある（『旧記雑録後編四』）。小田原氏は朱印船貿易家として家康からの朱印状受給の記録はない。慶長十一年四月十六日付家久宛義久書状に「薩州久志より呂宋渡楫之儀、望之由申来候、其について毎年の如く御朱印申請度候」（『旧記雑録後編三』）と、また、島津氏より借船《しゃくせん》して呂宋に朱印船を派遣した泊津《とまりのつ》の山《やま》下志摩丞《したしまのじょう》もいる。これらから、呂宋渡航の実態はかなり頻繁にあったことが推測される。

島津氏の朱印船貿易経営は部分的な史料から全体像を構築しなければならないが、次のようなことがいえるのではないだろうか。

①島津氏が経営主体となって朱印船を派遣した。
②島津氏が貿易の経営権を譲り、大迫吉之丞《おおさこきちのじょう》が柬埔寨（カンボジア）に朱印船を派遣した。
③島津氏が所有する貿易船を貸し出し使用料を受領した。

③について、さらに史料から考察することにする。史料には慶長五年八月にういひん（渭濱茅国科）を中国に帰国させた時に中国福建省で十二万斤の船一艘を渭濱《ういひん》送還のお礼に島津氏にくだされたことが記され、それに続いて、

右之唐舟拙者帰朝申候以後泊之津仮屋山下志摩丞申請、呂宋へ罷渡被申候、又筑後之弥次右衛門尉申請、安南国え両度被罷渡候、三度之運賃公義へ上納之由承候、

とある。島津氏から渭濱を福州に送還する命令を受けた鳥原宗安が、福州で一艘の唐船を受け取った経緯が書かれ、その船が島津氏に渡り、島津氏の朱印船として利用されている。具体的には、泊津山下志摩丞が呂宋へ借船し、また筑後の原弥次右衛門尉は安南国《あんなんこく》（ベトナム）へ二回渡海し、あわせて三回にわたり島津氏の船を借り、船の借用代金を上納したことが記されている。

朱印船貿易家・原弥次右衛門の名は、金地院崇伝《こんちいんすうでん》『異国渡海御朱印帳』や『旧記雑録』にもみられ、筑後を本拠地としていたことがわかる。

『旧記雑録』では安南二回ではなく、安南に慶長十一年九月十九日、柬埔寨に慶長十年十一

月六日となっている。これまで原弥次右衛門と島津氏との関わりはなかったが、両者の深い結び付きの発端を示す史料がある。

掟

一、京泊之入津之かほうしや船、公方様へ御礼之儀候而、商売人をしうりをしかい其外不可非道事、
一、川内へこれある唐人も、一人も彼船之唐人へとりあひ、あきなひとも仕候ハヽ、成敗を加えらるべき事、
一、あきなひの趣ハ、唐人衆存分次第たるべく候て、違乱あるべからざる事、

慶長八年六月廿六日

「掟」の一条目には京泊《きょうどまり》（同薩摩川内市）に入港した柬埔寨船は公方様《くぼう》（将軍）への聘礼《へいれい》の使節であったため、島津氏は駿府（家康）に案内したことが読み取れ、そのために柬埔寨船を保護し、同船の押し売り・押し買いを禁止したものとなっている。二条目には、到着港川内に居付の中国人がいたこと、その中国人が柬埔寨船との交易をすることを禁止するとともに

に、交易をした者を処罰するという。三条目には、交易は唐人（中国人）商人間では認められ、間違いがないように念を押したものとなっている。

さらに、この「掟」を裏付ける史料がある。

かほうしや之使者幷案内者原田弥次右衛門尉御前ニ罷出候、

とあり、「かほうしや」とは柬埔寨のことで、同国使者を案内した原田弥次右衛門《はらだやじえもん》（原弥次右衛門）が京泊に入港し、城下鹿児島で藩主島津家久との対面をなした経緯を示している（慶長八年九月二日付比志嶋より樺山・鎌田宛書状、『旧記雑録後編三』）。

筑後の原弥次右衛門が慶長八年に柬埔寨の使節を川内の京泊港に導き、その結果、島津氏が同使節を幕府へ聘礼させる機会を得て、島津氏の朱印船貿易家への道筋に繋がったと思われる。このように柬埔寨と幕府を結び付け、且つ島津氏に朱印船貿易との関わりを持つ契機を与えた人物であったからこそ、島津氏から借船するなどの深い関係となったといえよう。

大迫文書からみた朱印船貿易

大迫文書《おおさこもんじょ》は、近世初期の海外貿易関係史料として注目される文書であり、十二通の文書及び写からなり、特筆すべきは、「徳川家康異国渡海朱印状」を含んでいることである。

異国渡海朱印状は、その渡海を達成もしくは利用しなかった場合には返還を要件としているものであり、このように異国渡海朱印状がそのまま貿易家の手元に現存していることは珍しく、現在確認された異国渡海朱印状は二十五通と指摘されている（岩生成一《いわおせいいち》『新版朱印船貿易史の研究』）。また、中村孝也《なかむらこうや》『徳川家康文書の研究』によると、この大迫家所蔵の柬埔寨宛異国渡海朱印状は家康下付異国渡海朱印状では九十九通目、柬埔寨宛朱印状二十四通のなかの現存する二通のうちの一通であるという。

大迫家所蔵の異国渡海朱印状は、家康下付の異国渡海朱印状の原物であることが確認されているが、「異国御朱印帳」には記載されていない。大迫家朱印状は下付年限《かふねんげん》を慶長二年十月六日としているが、下付された朱印状に付帯の史料（申請者名・仲介者名・手数料や下付に関する事柄を記した）がなく、同史料（「大迫文書」添書）によると、「此御朱印は大迫吉之丞カンボチヤへ渡海しめる時分、島津兵庫守様へ言上なされ、御申受、吉之丞へ下され候御朱印也、御手跡はタイ長老トヤラン申候、出家之遊ばされヨシ候」と書かれている。

わかることは、①「異国御朱印帳」には、大迫吉之丞に下付された記録はない。②「異国御朱印帳」には、慶長十二年十月六日付で島津氏に下付した記録はない。③「異国御朱印帳」によると、島津氏に下付したのは、すべて島津陸奥守《むつのかみ》（忠恒、後の家久）だけであり兵庫頭（義弘）宛はない。

以上のことより、大迫吉之丞は個人の名において、朱印状を申請した朱印船貿易家とはいえない。島津氏が申請し下付され、島津氏から派遣の権利を譲渡されたと考えるのが適切と思われる。添書の兵庫守《ひょうごのかみ》（兵庫頭の誤記か、義弘）は陸奥守（忠恒）の誤記とも考えられる。このような類推から「異国御朱印帳」の脱漏によるものといえるのではないだろうか。

ただ、次のような大胆な推論も可能である。即ち、島津氏以外から大迫家が頂戴した朱印状という可能性である。下付年月日や渡航先を重視すると「異国御朱印帳」記載のなかに慶長二年十月六日付柬埔寨宛朱印状がある。それは有馬修理に下付された朱印状であるが、その朱印状を大迫家に与えた可能性も考えられる。確証や傍証史料もないかわりにその可能性を絶対的に否定する史料もないともいえる。

さらに、大迫文書に「明年正月、大唐川内え船を可指渡候旨、内府《ないふ》様え御意を得」とあることから、同文書は慶長九年と推定される。明年とは慶長十年にあたり、川内とは交趾国《こうしこく》（ベトナム）、内府様とは徳川家康のことである。当時交趾国宛の朱印状下付の例はなく、交趾国は安南国の一部として安南国宛朱印状に含まれていた。この文書内容から島津氏に下付された慶長十年七月一日か三日のいずれかが大迫氏派遣の安南国宛朱印状と考えられ、大迫氏の朱印船派遣は複数に及び、島津氏との深い繋がりが確認される。

大迫文書資料に「将令」の文字が書かれた絹の標幟《ひょうし》がある。この標幟の添書に、この旗は交趾の屋形の旗であり、この旗を持って安南国に来れば間違いなく歓待されると書かれている。貿易相手国の安南国に認められ且つ特別な待遇を標示する印の旗まで受領していることは、大迫家の広範な貿易活動の一端が窺えるものといえる。原物は腐食して原形を留めていないが、天保《てんぽう》十四年編『三国名勝図会《さんごくめいしょうずえ》』収載の図によれば、標幟の大きさは縦二尺五寸二分横四尺七寸となっている。

大迫文書には「川内京泊より唐船召立られ、阿久根より正月下旬ニ出帆仕、天竺之内るすんと申国え罷渡申候事」と、伏見にいた義弘が家康から真壺《まつぼ》を入手することを命ぜられ、大迫吉之丞が責務を果たすため、京泊で艤装《ぎそう》し、翌年阿久根に無事帰航している。渡航目的の真壺九・巻物二を舶載《はくさい》したという。同文書には「客衆以下あひすゝめ」ともあり、独力による貿易船派遣ではなく、当時の朱印船貿易家の多くにみうけられるやり方である。複数の「客衆《かくしゅう》」（商人団）を募り貿易船を派遣する形態であったといえる。事例の一つに角倉船《すみのくらぶね》では客商三百人余にも及んだことが知られるが、商圏の弱い薩摩の大迫氏はどれほどの規模の商人団を結成できたのかは不明で、今後の課題である。

琉球出兵と琉球支配

島津家久によって琉球国への武力侵攻が企画されたのは、慶長十一年（一六〇六）三月末から四月にかけてである。琉球国中山王《りゅうきゅうこくちゅうざんおう》が、秀吉の軍役賦課を果たさなかったこと、家康の漂着船救助に対して謝恩使《しゃおんし》を派遣しなかったこと、薩摩藩へ紋船《あやぶね》派遣を怠ったことへの懲罰のため「大島渡海」（『旧記雑録後編四』一八三・四）を計画し、翌年秋の実施を考えていた。しかし、父・義久の協力が充分得られなかっただけでなく、渡海船の造作も進展していなかった（『旧記雑録後編四』二〇五）。それでも同年六月六日付島津忠長・樺山久高《かばやまひさたか》宛家久書状では、「大島入りの儀は来秋必ず実行することが肝要であり、今大島討入を成功させなければ、後年に悔いを残すことになる」（『旧記雑録後編四』二一七）と、堅い意志を示している。なお、「大島渡海」「大島入り」とは、大島討入のことで琉球国からの奄美奪取を企図することであった。藩内史料では「大島入」と呼んでいる。

家久は朝鮮出兵（文禄《ぶんろく》・慶長の役）の経験から、統一権者の政治力や中央権力の凄さを身に沁みて感じ、地方権力といえども基盤を確立しなければならないとの危機感を感じていたと思われる。さらに、島津氏は関ヶ原の合戦では家康に敵対したにもかかわらず、適切な戦後処理によって領国維持を許されたばかりか、慶長十一年（一六〇六）六月十七日には、伏見において将軍家康から「家」を賜字され、忠恒改め家久と名乗ることになった。この頃であろう。「是より先、家久伏見に在る時、琉王近年前盟に背き、明年これを伐つべき上言、家康公及秀忠公に蒙り許」（『旧記雑録後編四』二七〇）、「琉球王漸廃貢職、公之伏見に在り也、請いて琉球を伐、これを許す」（『島津国史』慶長十一年）と「大島討入」から「琉球征伐」と名称が変わったように琉球国を「征伐」の対象とするようになった。徳川家康から「琉球征伐」の許可を得たというのである。そして、慶長十三年十二月晦日に義久宛山口駿河守直友書状で、琉球入の儀の人数や渡海時期について、「たしかなる御使者早々御上なされ、今一往御意を得、及ぶべし」と、琉球征伐の許可の再確認と琉球渡海の時節を知らせる使者の派遣を求められている（『旧記雑録後編四』五三〇）。慶長十四年二月付「呈琉球国王書」（中山王宛 龍伯法印《りゅうはくほういん》＝島津義久書状）は、最後通牒として発せられたが、琉球国はこれに応じなかったとある。

その結果、慶長十四年（一六〇九）二月に鹿児島城下戸柱《とばしら》祇園洲《ぎおんのす》より乗船、総大将樺山久高・副将平田増宗《ひらたますむね》、物頭以下諸士百人、総兵員三千人、船百余艘、三月四日に藩港山川港から出航渡海した。琉球渡海にあたり、二月二十六日付家久・義弘・義久連署書状に「琉球渡海之軍衆法度之条々」の軍律が課せられた。琉球渡海を先導したのは朝鮮出兵でも船頭役を担った七島船頭衆であった。大島・徳之島・沖永良部島《おきのえらぶじま》を落とし、海陸両道から首里城に迫ったが、謝名親方《じゃなうえかた》（謝名利山《りざん》）以外の抗戦はみられず、琉球国尚寧王《しょうねいおう》は和を乞い、四月五日に投降、五月五日尚寧・按司《あじ》・三司官《さんしかん》を捕虜に琉球を発し、二十五日鹿児島に凱旋した。慶長十六年（一六一一）五月十六日尚寧を伴い鹿児島を出発、八月八日駿府の家康に謁見、二十八日江戸の将軍秀忠《ひでただ》謁見を経て、九月二十日江戸を離れ、十二月に鹿児島に帰国した。この一連の江戸参府は琉球が幕藩体制下に編入されたことを意味する。この間、薩摩藩による琉球検地が実施され、貢租《こうそ》負担の琉球諸島八万九千石が確定し、道之島（奄美群島）は薩摩藩直轄地として琉球から切り離された。翌年の尚寧帰国に際し、起請文を出させ、琉球支配の「掟十五条」を強制し、尚寧は遵守を誓約させられた。

一、薩摩御下知之外、唐え誂物《あつらえもの》停止せらるべきの事、

一、薩州より御判形これなき商人許容あるべからざる事、

一、琉球より他国え商船一切遣わせられまじきの事、

右の条目は琉球の貿易権に関する規定であるが、琉球の貿易権を薩摩藩の管轄下に置くことが明記されたものであり、琉球侵攻の真意が明確に打ち出されている。

島津氏は意のままにならない琉球に対するもどかしさの解決手段を武力に求め、中国への進貢貿易の直接支配を目論むようになる。進貢貿易は侯国琉球国が宗主国中国に朝貢することによって成立するものであり、琉球国の存在なくしては成立しないので、島津氏は琉球支配を隠匿して進貢貿易の拡大に努めた。

侵攻後、琉球統治機関の整備が急がれ、琉球には薩摩仮屋《かりや》、鹿児島城下には琉球仮屋（鶴《つる》丸城《まるじょう》東側、薩摩藩との連絡・産物管理のために親方が在番、天明《てんめい》四年〔一七八四〕に琉球館と改称）が設置された。琉球に設置の薩摩仮屋には琉球在番奉行《ざいばんぶぎょう》が配置される。琉球在番奉行の初見は寛永八年（一六三一）であるが、実質的には侵攻後に本田親政・蒲地休右衛門を留めて鎮守《ちんじゅ》としたのが始まりである。また、琉球口貿易は薩摩藩の最重要施策であることから家老がその任にあたった。家老中御物産方掛専任が独立したのは承応《じょうおう》三年（一六五四）。薩摩藩の琉球支配は、貿易遂行上、中国に隠蔽する必要があったため、冊封使来琉《さくほうしらいりゅう》の折には

薩摩藩役人は那覇《なは》から浦添《うらそえ》城《ぐすく》間村《まむら》に隠れ、藩船も上運天港に隠し、薩摩藩支配を中国使節に悟られないようにした。

築城思想と城下町形成

鹿児島（鶴丸）城は島津家久によって築かれた近世城郭であり、それ以前の居城が内城である。内城から鹿児島城への移城、幕藩体制の崩壊までの近代初期まで鹿児島城が薩隅日の支配拠点であったことは歴史的事実でありながらも、内城から鹿児島城移城は直結するものではなく、家久は瓜生野《うりゅうの》城への移転も考えていた。その後の一国一城令への対応のために、鹿児島城が不動のものではなかったことを考察することは重要であると思われる。

近世の幕開けに領国支配を熟考した家久は建昌《けんしょう》城《じょう》（旧瓜生野城）構想を真剣に検討し、さらに、その後には「鹿児島城控の城」構想として国分城修築事業を実践しようとした。そして、幕末の薩英戦争ではイギリス艦隊の艦船攻撃の的となった鹿児島城を捨て、国分城に移転する構想も発露されている。このように、歴史的には鹿児島城が近世島津家の居城であり続けたことで埋もれつつある居城移転構想から家久の「城と支配」の思想を考察する。

内城は、天文《てんぶん》十九年（一五五〇）に十五代当主貴久が伊集院一宇治城から入城して以降鹿児島城に移るまでの五十二年間の政治の中心地として中世城下町の中核を形成していたが、その領域は近世の城下町の北側半分（上町《かんまち》）の地域であった。近世鹿児島城下はいかなる都市計画によって造成された城下町兼港町であったか。新しい時代を構想した家久の城郭と都市計画の思想が充分反映されたものとなっている。

内城は廃城の慶長十六年（一六一一）に南浦文之を住持とする大龍寺《だいりゅうじ》が建立され、明治二年（一八六九）廃寺の後に大龍《だいりゅう》小学校となった。

薩摩は武の国といわれ、また、鹿児島の武士の勇猛果敢さを讃《たた》える言葉として、「人をもって石垣となし、人をもって城となす」ということを聞くことがたびたびある。この言葉を直訳すると、武士は石垣、武士は城であるということになり、武士は使い捨てとして為政者が認識していたことになる。しかし、これは誤った解釈であり、本来の語源はどのようなものであったか。俚諺《りげん》のもとは戦国大名島津義久《しまづよしひさ》といわれる。「ある時、龍伯公《りゅうはくこう》御側之衆え仰せられ候は、城ハいらんものなり、尤塀堀等ハこれなく候とも事かゞんなり、士程よき塀ハこれなき候と御意遊ばされ候」（『薩藩旧伝集』）とある。龍伯公（島津義久）が近侍《きんじ》の重臣への逸話として、領国を護《まも》るのは城でもなければ、塀や堀でもない、守りの要は家臣であり、家臣こそがすべてであるとする義久の胸中、家臣を信頼する心を汲み取ることができる。

島津氏中興は伊作島津家が本家島津家を継承したことにより島津氏は隆盛を極めることになるが、それは忠良に始まり、貴久の鹿児島入城（御内城）を経て、九州全体に覇権を及ぼした義久によって完成されたといえる。豊臣秀吉の九州征討によって、島津家支配領域は旧領薩隅二国と日向諸県《もろかた》一郡の旧領に復せざるを得なかった。

関ヶ原の合戦は日本史的には近世を現出させたが、関ヶ原合戦の結果は島津領内の政治的支配形態を激変させた時代といえる。関ヶ原を戦い抜いた武将義弘、関ヶ原の合戦の戦後処理を巧みに切り抜けた惣領《そうりよう》義久といえども、戦国時代に生きた人物であり、時代を超えることはなかった。

ところが、戦国時代をみて、秀吉の統一政権の権力とは何かを身を以て経験し、天下統一した家康の実力を認識した家久は、鹿児島の地における近世大名の権力掌握と支配を強く意識した政策・制度を確立すべきと考えたと思われる。その最も重要なことが「支配」の拠点としての「築城思想」にあらわれていると指摘できる。

近世大名家久が戦後処理よりの復興を意識して積極的に城下町（都市）形成に着手し、現代に通ずる近代鹿児島の基礎を築いたことこそ、「城と支配」の視点での鹿児島城築城といえる。

鹿児島城構想

内城からの移転計画は「御城下余り差迫り候間」（「薩藩旧伝集巻ノ五」新薩藩叢書）とあるように、城及び城下町の発展が地形的・地理的に、また、政治的・経済的機能を充足させるには限界に達していたと判断した結果のようである。同史料は続けて「別所に御城下移さるべき由にて諸所御撰みなされ候処、鹿児島しかるべきと御吟味相究り候、其以前より鹿児島には唐人共段々居付罷在町抔《など》もこれ有り候由」とあるように移転築城の候補として鹿児島が決定したことをさりげなく記しているが、この決定こそが瓜生野城か鹿児島城かの選択に苦しんだ家久の判断の結果であった。

その一つの大きな要件として「結局忠恒は唐人江夏自閑に占わせて鶴丸城移転に決した、自閑は火災がたびたび起こるかもしれないといったが、家久の考えは火災は何度起こってもその都度造り直せばよい」と。

鹿児島城の築城の要件について、『鹿児島市史』では次のように述べている。

「将来の城下町の発展のことを考えれば、鶴丸城に移った方がよいであろうが、城下町の拡張だけを考えれば、あえて城までも移す必要はないであろうと思われる。そこに今一つの軍事的理由があったのではなかろうか。すなわち、関ガ原の戦いの後、家康は一応島津氏の帰参を受け入れて本領安堵の旨を伝えたが、果たしてそれが絶対的に確実なものであるかどうかわからないわけで、場合によっては薩隅の地を一丸として徳川氏の軍に対抗することも考えたのである。従って島津氏の最後の拠点として、防衛の点に難のある内城を捨てて、鹿児島城を築くことになったのであり、城下町狭隘《きょうあい》のことは一半の理由があるにしても、これは徳川氏に対する口実とも受け取られ、その本意は軍事的戦略的なものではなかったろうか」

『鹿児島市史』は鹿児島城築城の第一の要件に対家康への軍事的な戦略と結論づけているが、それには疑問が残る。例えば、義弘の慶長五年（一六〇〇）の提案は、旧東福寺に防御的機能を強化・付加し、旧清水城を居宅とするという機能による城の使い分けであり、その上に両域を結ぶ稲荷川流域に武家屋敷群の集住化の考えを提案している。しかし、義弘の意見は慶長五年五月二十五日付書状であり、関ヶ原合戦以前であることを勘案すると、この説には無理があるといえる。鹿児島城が天守閣や櫓《やぐら》・楼閣《ろうかく》を中心とした近世城郭造りからも懸け離れた構造となっていることも重要な判断材料となる。

義弘と家久の考えには大きな違いがある。戦国武将の時代的認識である城は防御的城郭であるという意識を義弘は脱皮できていない。一方、家久は秀吉・家康と統一政権の都市計画や支配体制の確立の実態を把握し、権力とは何かを意識したのではないだろうか。自分は地方権力者として何をなすべきか。近世大名への転換の起点が新城構想であったと考えられるのである。いかに有能な人物でも時代を超えた思想を持つことは難しいことを考えれば、義弘の城と支配では防御的機能を優先するのは当然であるが、家久の新城構想は、新城築城が目的ではなく、新時代の起点となりうる構想をいかに実現するかにあったと思われる。

家久は、異国渡海朱印船最大の大名、新城築城と都市計画、琉球出兵など薩摩藩の基礎・基盤を築いた。

第八章

島津光久の治世

寛永十五年（一六三八）〜貞享四年（一六八七）

島津光久
尚古集成館所蔵

近世薩摩藩の貴重な財源とは

島津光久《しまづみつひさ》の藩主在位期間は、寛永《かんえい》十五年（一六三八）から貞享《じょうきょう》四年（一六八七）七月。島津家十九代当主であり、薩摩藩二代藩主である。寛永八年（一六三一年）四月一日、将軍家光から、松平姓と賜字（「光」）を与えられ、忠元《ただもと》改め光久（「松平薩摩守光久」）と改名した。

寛永十四年（一六三七）、島原の乱が勃発した時には病気の父家久《いえひさ》に代わり参陣のため、初めて帰国の許可が下りたが、直後に家久が逝去のため島原の乱に参陣することはなかった。

光久の治世は、幕府の鎖国政策によりそれまで依存していた海外貿易に収入の期待ができなくなったことから、金山開発、新田開発、洪水対策など産業振興を基本政策としたが、琉球口貿易を独自の藩財源に組み込んでいった特別な事績《じせき》があり、近世薩摩藩の貴重な財源となっていった。光久の藩主就任直後は、父家久の鹿児島城築城、琉球侵攻など藩政確立に多大の財政負担があったために財政及び政治は不安定であった。

先代からの飫肥藩《おびはん》との境界争いは延宝《えんぽう》三年（一六七五）、幕府の裁決により飫肥藩が勝訴し、境界が決定した。光久の長命もあって貞享四年（一六八七）隠居、孫・綱貴《つなたか》に家督を譲るまでの五十年の長い期間、藩主に在位している。

現在鹿児島の観光地を代表する名勝地・仙巌園《せんがんえん》は光久の命によって築かれたものであり、夏の風物詩・六月灯《ろくがつとう》も光久によって始められた行事である。家久の治世でみられた幕府への人質提供の妻子の子息は光久であった。

異国渡海朱印状による東南アジア貿易によって財政的に潤った時代が終わったが、光久時代に琉球口貿易が幕府により認可されたのである。この琉球口貿易を藩財源として工夫していったのが光久であり、貴重な近世薩摩藩の財源化となったばかりでなく、藩政策の底流に常に流れる重要な要因となった。

ここに幕府の貿易政策と薩摩藩の領内貿易及び琉球口貿易について述べる。

琉球口貿易認可

密貿易は時代的・状況的な特徴を持っている。密貿易は、貿易・通交の禁止あるいは制限された場合に起こりうる。

幕府の外交権は、貿易の管理統制の形をとり、表向きには長崎を海外貿易の唯一の窓口としながら実態は対馬《つしま》の宗《そう》氏を介した朝鮮口、薩摩の島津氏を介した琉球口、蠣崎《かきざき》氏の松前口の四つの貿易窓口を持っていた。近世の薩摩藩の琉球口貿易は長崎口貿易の補助口として公的に認められた貿易といえる。

長崎港は幕府権力によって維持管理され、オランダ・中国は「通商の国」（貿易の相手国）、琉球口・朝鮮口は「通信の国」（情報収集の国、異国としての聘礼国《へいれいこく》）として位置付けられ、幕府権威高揚の手段として取り扱われた。そのため琉球口貿易は幕府権力からの直接支配は免れ、薩摩藩の裁量に任せた委任統治の形式であった。しかし、幕府の貿易統制は琉球口貿易も例外ではなかった。そこで、幕府の貿易統制の強化のなかで、薩摩藩はいかに柔軟にして周到な対応が図られるかが課題となり、長崎の輸出入品の動向はもとより琉球・中国の情報を正確に把握分析し、いかに対応するかが薩摩藩にとって琉球口貿易の存在価値であった。極めて特殊性を内在する薩摩藩の内部構造（外城制《とじょうせい》・門割制《かどわりせい》・琉球支配）のなかでも琉球支配は、中国に直結する特殊な事情にあるといわなければならない。

先述のように長崎口貿易は「通商の国」として、琉球口・朝鮮口貿易は「通信の国」としての役割を担うことが鎖国政策下での役割分担であり、長崎口貿易は、貿易仕法《しほう》の改正の形で統制が加わったが琉球口貿易には特に規制はなかった。しかし、この琉球口貿易にも貞享三年（一六八六）、最初の貿易制限令が下った。つまり、幕府という上位の権力の貿易制限である。土地生産力の低い薩摩藩にとって貿易維持は藩財政確保の生命線ともいうべき貴重な財源であった。その統制しようとする側とその網の目をくぐろうとする幕薩両者の間に、密貿易の要因が発生したのである。薩摩藩の場合は、藩営による密貿易ということができる。

しかし、もう一面の密貿易も存在した。それは、琉球口貿易と呼ばれるように、貿易の背景は薩摩藩であるが、進貢《しんこう》・接貢船《せっこうせん》を派遣し貿易を実際におこなうのは、琉球王府である。琉球王府こそ中国を中心とする東アジア世界のなかで最も旺盛な通交・貿易を展開し、その意味では海上国家とでも呼ぶにふさわしい様相を具現し、貿易こそが国家維持繁栄の手段であった。それだけに自らの国家存亡を貿易に懸けてきた。その琉球を仲介とした進貢貿易は薩摩藩の意図通りにはいかない要因を持っていたのは至極当然である。さらに複雑にしたのは、進貢使節に中世以来の中国の慣例として与えられていた使節者個人に認められていた私交易であり、そして琉球から薩摩へ差し登りの商船の所有者（海商）の動向である。

密貿易の構図は、簡潔にいうと次のようである。幕府の統制から逸脱した貿易品及び数量が薩摩藩の藩営密貿易であり、薩摩藩の統制から逸脱した琉球王府の貿易が琉球王府による密貿易である。そして進貢使節がもたらした交易品とそれを購入・販売する海商が領内をはじめ江戸・上方で販売する抜荷《ぬけに》と呼ばれる密貿易である。しかし密貿易と呼ばれるように史料が残されていないのが実情でもある。薩摩藩の貿易史のなかで、極めて重大な局面が二度ある。それは、琉球口貿易が長崎貿易に編入された文化《ぶんか》七年（一八一〇）であり、もう一つは天保《てんぽう》十年（一八三九）の琉球口唐物《からもの》の長崎会所交易《ながさきかいしょこうえき》の停止であった。この二つの危機を乗り切り、さらにいかに、その障害のなかで活路を見出したかをみることにする。まず、幕府の貿易史からみることにしよう。

鎖国令が発布されたのは、寛永十六年（一六三九）七月五日であり、同日付「條々」において貴理師旦《きりしたん》宗・かれうた船着岸の禁止及び異国船の長崎回航を、太田備中守資宗《おおたびっちゅうのかみすけむね》の上使が長崎で諸大名に命じている。

しかし、同年九月十一日の松平薩摩守（光久）宛書状（『旧記雑録後編六』五五）に、

哦流佗《がるた》船渡海御停止ニ従流（琉）球より糸・巻物・薬種等相調候様ニと、江戸において御年寄衆仰渡の由、それについて御内證の通その意を得存候

とあり、琉球口からの輸入を幕府が公式に認めた文書であり、鎖国では長崎が開港地とされたことは周知の事実であるが、必ずしも唯一の貿易口であったわけではなかった。史料の「哦流佗船」とは、ポルトガルが使用していた船型を「ガレオン船」と呼んでいたことから、ポルトガル国を指すようになったものである。

幕府はオランダ・中国から輸入された生糸を糸割符《いとわっぷ》商法〈慶長九年〈一六〇四〉に始まった商法。京都・堺・長崎の有力な商人の仲間を組織し、輸入生糸に購入値段をつけ、一括購入を図ることで生糸の価格を抑制することを目的とした〉に基づいて売買していたが、その後、外国貿易商人の求めに応じて明暦《めいれき》元年（一六五五）に相対《あいたい》商法に変更。貿易に制限を加えず、貿易商人相互の合意に基づく取引となったため、自由な貿易が商人の長崎集中を助長し、輸入価格の値上がりを生む欠陥となった。その後、国内貿易商人を保護するため、寛文《かんぶん》十二年（一六七二）に貨物商法となった。前制度の欠陥を補うため輸入価格をあらかじめ決め、相手に提示し、その価格での売買を求める商法である。商品のことを貨物ともいうことから貨物商法と呼ばれた。貞享二年（一六八五）には定高《さだめだか》貿易商法（白糸については割符を復活し、その他は相対売買とする）となった。この商法では貿易高の上限を規定し、中国船は銀六千貫、蘭船は銀三千貫とした。元禄十一年（一六九八）には長崎会所商法（定高貿易商法のなかでの改定であり、定高は前述のままで、入港の船隻数を規定した。元禄十年には中国船は八十艘に変更）となり、正徳《しょうとく》五年（一七一五）の正徳新令も、定高貿易商法のなかでの改定として、定高はそのままで中国船三十艘、蘭船二艘とした。このように長崎貿易の貿易商法も内外の貿易商人たちの駆け引きの結果による変遷をたどっている。

当時の輸入品の中心は白糸であり、そのため長崎口貿易は白糸の値段によって左右され、前述のように貿易商法の改正を余儀なくされた。その白糸輸入を安定させるための、いわば安全弁として、琉球口貿易を島津氏の支配に委ね、市場での需要と供給のバランスをとるための供給口としたのである。例えば、正保《しょうほう》三年（一六四六）六月十一日付、松平信綱《まつだいらのぶつな》ほか二名の幕府老中連署奉書（『旧記雑録追録一』）には、中国では兵乱（明・清の交代期）が続き不安定な国情であるというが、いかがな様子であるかと問い掛けている。中国兵乱の状況ではあるが、琉球口からの糸購入はどのような状況にあるか。可能な限り、今までのように生糸購入をおこなうようにと指示するとともに、中国の状況を把握、幕府への情報提供をも命じている。長崎口貿易の補助口としての役割は、商品輸入及び情報提供の点において、幕府にとっても大切なものであったことが理解できる。薩摩藩にとっては、みずからの利潤拡大の手段である琉球口貿易を、幕府の貿易統制のなかで実現するという難しい立場での展開を迫られていた。琉球口貿易は、実際は琉球王府を仲介する進貢貿易であることを考えると、琉球王府を統制する難しさも絡み、薩摩藩の思惑通りの貿易が展開される可能性は難しい状況であった。しかし、琉球口貿易は薩摩藩にとって財政補塡の最重要な柱と考えられていた。そのため目的を果たそうとする薩摩藩のとった貿易政策への対応は難題であった。

東アジア貿易構図――冠船奉行の構想、貿易拡大策の建言

寛永八年（一六三一）には薩摩藩の借銀は七千貫（金十四万両）に増大している。この間の借銀の増加は、冠船《かんせん》対策の費用が中心であった。

寛永九年六月二日付「覚」によれば、冠船対策に派遣した新納・最上は三司官《さんしかん》との協議の結果として渡唐銀《ととうぎん》・貿易資金増加の提案を打ち出した。この貿易拡大策の提案に対し、藩庁側も「御返被為申候、先ずもって肝要ニ存候事」と受け入れを表明しているが、実質は藩庁の積極的な意図が反映したものである。

その後八月十四日付三司官宛喜入摂津守忠続《きいれせっつのかみただつぐ》「覚」では、

一、去年秋新納加賀守殿・最上土佐守殿を以、唐え商売の儀、両人上着候て、其元王位御返事通承達候間、則江戸へ申上候事、
一、右御申分一段御為然るべき様子ニ候、相違なく唐へ銀子過分ニ差渡され、御借銀返弁調候様ニ御談合すべく候事、
一、御借銀返弁調はず調候へは、惣御国迷惑ニ罷成候間、琉球の儀も同前たるべく候、ひっきょうは諸人の行い召上られニ罷成べく候、よくよく分別専一候事、

とあり、昨年秋に提案された進貢船《しんこうせん》貿易拡大策は藩庁も了承し、江戸にも報告している。藩の銀返済手立ては琉球口の進貢貿易での利益を充当できるとの協議によるものであるが、貿易拡大が不調に終わった場合は、琉球国の家臣の知行《ちぎょう》召し上げに及ぶことを示唆し、貿易政策に失敗がないように最善の努力を求めている。同年八月二十二日「覚」では、「冠船当年渡海の事、いまだ相聞かず心元なく存候事」として、藩庁側は寛永九年を冠船来航予定年としていたが、その様子がみられないことを不審に思っている。

この貿易拡大策をどのように展開するかを指示した史料がある。寛永九年八月二十七日

付、勝親方外二名宛最上・新納連署「覚」である。

(1)「御借銀七千貫目余御座候、琉球口よりハ唐之才覚ならてハ、御返弁罷成ずニ相究候条、御分別毛頭御油断成されましき由、堅申達候通申上候事」

藩財政の窮乏は既に借銀七千貫（金十四万両）に及び、借銀返却には琉球朝貢貿易しかない。琉球朝貢貿易・冠船貿易に多大の期待が懸けられている。

(2)「冠船来航の際に、冊封使節《さくほうしせつ》へ「唐へ船数参候て、御借銀御返弁候様ニ、随分入御精いれらる之由」として、進貢船の派遣数増加を懇請し、結果を得ることを王府首脳に要求している。最上・新納が指示したのは、次の五項目である。

一、三年ニ一度の進貢の事、
一、毎年年頭の御礼の事、
一、馬・硫黄相重の事、
一、毎年御誕生御祝言申せらるべきの事、
一、やこ貝これから毎年積渡進上の事、

最初の「三年ニ一度の進貢の事」は、最も切実な課題である。進貢船派遣二年一貢は、大《だい》永《えい》元年（一五二一）に獲得した琉球国の権益であった。ところが、琉球出兵は琉中関係を悪化させたのである。つまり、薩摩藩による琉球出兵の情報を中国側は得ていただけではなく、そのために海防を厳重にしたと『琉球国志略』には記されている。その結果、琉球出兵後の進貢船が慶長十七年（一六一二）に派遣されたが、琉球からの進貢使派遣の主体を見抜いていた中国側は琉球国疲弊を理由に貢期延期を伝え、十年一貢とした。その後の折衝が功を奏して、元和《げんな》八年（一六二二）五年一貢が実現するに至った。五年一貢から三年一貢への実現が藩庁側の最大の目標であった。

しかし、これだけではなく、さらにきめ細かく、「進貢三年ニ一度ツ、渡すべき御侘立候へハ、一年ニ船一艘充渡すべき事、その故ハ、今年渡唐申候使者北京迄参られ候故年越にて候、乗船者その年帰帆、次の年迎ニ参候、其後ニおいてハ一年ニ二度ツ、賦にて候事」、と指示がなされている。進貢船は北京への琉球使節を待つことなく、福建での貿易を終えると帰国することとした。そこで、進貢船派遣の翌年に北京への使節を迎える船を派遣することを考えついたのである。これにより進貢船（二艘）、翌年迎え船（一艘）が派遣できると三年間に三艘となった。迎え船は後に歴史用語となる「接貢船」のことである。王府が冊封使節とどのような交渉経過を経たかはさだかではないが、三年一貢ではなく、結果として二年一貢の大成果が得られた。薩摩藩の最大限の目標である三年一貢・接貢船一艘は三年三艘であるのに対し、今回獲得した二年一貢は接貢船一艘が加わり、最大限二年三艘を獲得したことになり、薩摩藩の期待を大きく上回る成果を確保したことになった。寛永十年（一六三三）から二年一貢が始まり、以後は、延宝六年（一六七八）接貢船派遣が定例化され、進貢船・接貢船の二年三艘制が実現した。さらに、元禄元年（一六八八）には両貢船の定員増加、接貢船の免税権を獲得している。

次に、「毎年年頭の御礼の事」「毎年御誕生御祝言申せらるべきの事」は、何かの理由を付けて貿易船派遣の機会を確保しようとする企図である。また、「馬・硫黄相重の事」とは、停止されていた馬（八疋《ひき》とも十疋とも十五疋ともいう）と硫黄二万斤前後の進貢物を復活させられないかというのである。「やこ貝」の件は、日本側供給能力の存在と中国側の需要を示した史料として興味深い。

（3）冠船帰帆に際し、送遣船派遣などを要請できないか。生糸などの購入代銀六百貫目を含む七百十貫目が準備できる。福州で大船を建造し、その船で購入生糸を搬送する交渉を指示している。二艘派遣を目標としながら一艘だけは確保したいとの内容となっている。場合によっては、冠船帰国の翌年春に冊封使節が無事に帰国したかの聴聞のための船を派遣したい旨を交渉するように指示がなされている。大船建造費用については、王府御用物による負担とする。また、銀子八十貫目を王府御用物購入費用として認めている。

（4）冠船が今夏来ないなら、昨年四月の帝王・春宮《とうぐう》御定候祝言として渡唐してはいかがか。またその迎え船として一艘派遣はできないかとの検討を指示している。

九か条に及ぶ「覚」を以上のようにまとめてみたが、薩摩藩から派遣された最上・新納の提案だけに、実質的には薩摩藩の思惑だけでなく、王府首脳との協議を経ての申し渡しであった。結果、王府の努力によって薩摩藩の予想以上の成果である二年一貢を獲得したといえる。

冠船貿易の運上の取り扱い

今次《こんじ》の冠船に対しては「冠船ニ商売之時、商人手前より運上は、銀子二分運上たるへき事」として、冠船来航には膨大な貿易品が船載され、冠船貿易ともいわれるほどの交易がなされることから交易品に運上金《うんじょうきん》を課することを考えている。また、「琉球の歴々幷町人、冠船の可致買物時、爰許《ここもと》之衆なみの運上、王位え差上らるべき事」として、琉球役人並びに町人の冠船貿易の運上は王府財源とすることが規定されている。冠船貿易による運上金は、琉球役人と町人の場合は琉球王府に、それ以外は薩摩藩庁に上納するというのである。寛永九年（一六三二）来航予定（実際は同十年）の冠船対応のための協議の一つに、献上物の確保の課題があった。王府献上物は、薩摩藩によって京都で調達され、屛風・扇子・茶壺・食籠《じきろう》・鞍鐙《あんとう》（鞍・鐙《あぶみ》）等が準備された。

前述の寛永九年の最上・新納連署「覚」を受けた同十年八月十日付三司官・在番奉行宛藩庁書によれば、次のことが記されている。

一、冠船準備銀は上方・京衆商人よりの借銀であり、百貫目が準備できている。二百貫目も目途が立ち、秋中には四百貫目に達するという薩摩藩の準備状況を告げ、琉球現地での対応の段取りを確定させようとしている。

二、冠船貿易銀貸与の上方・京衆商人の手代《てだい》が琉球に下り、冠船貿易をすることは江戸も認めている。藩・王府御物購入の邪魔や脇買いなどがないように、さらに、朝廷や幕府への献上品となるような物があれば、念を入れ購入するように指示し、決して監視を怠ることがないように命じている。

三、進貢船二艘の内の一艘は、薩摩藩用御物の取り扱いとして、琉球経由ではなく鹿児島に直接渡すこととしたが、実際には鹿児島直行便は実施されなかった。

緊急拡大策の挫折

薩摩藩の借銀増加は、進貢船対策の失策が原因である。しかし、それだけでは片付けられない課題も含まれていた。

寛永八年閏十月三日三司官宛島津久元外二名連署「覚」によれば、

一、唐へ年中に御物銀子千貫目も相渡さるべき談合肝要候、春秋冬三度船相渡さるべき事、付毎年かくのごとくたるべき事、

一、琉球談合衆の内、心持二様ニ御座候由其聞得候、心持悪衆は鹿児島へ指上られ候へ、此地において穿鑿《せんさく》いたすべき事、

一、来年唐の冠船着津候は、道之島つゝき狼烟の火立談合の事、

薩摩藩は琉球に貿易資銀千貫を持ち渡り、中国への貿易船を春・秋・冬の三度派遣する考えを持ち出している。藩庁側の財政補塡だけの身勝手な政策で、しかも中国側の意向をも考慮することなく唐突に首里王府に迫るものであり、王府にとっては受け入れ難い内容であったことは容易に推察できる。このことは、藩庁でも予想していたのであろうか。「琉球談合衆の内、心持二様ニ御座候由其聞得候」とあり、藩庁提案の貿易拡大策に反対する談合衆がいることを感知し、「心持悪衆は鹿児島へ指上られ候へ、此地において穿鑿いたすべき事」と、反対する者は鹿児島において処罰するとの脅しが書中に明記されている。

薩摩藩が琉球貿易を管理しようとしても、琉球の協力、さらには中国との折衝が良好であることが絶対的な条件となる。対中国貿易にあたる琉球が納得してさえ貿易交渉は難しいはずである。強要した政策は惨憺《さんたん》たる結果であった。寛永十年三月二十日付藩庁から三司官宛書状に、生糸が高値であったこと、生糸の品質が悪かったことが上方衆の苦言として呈せられたことを叱責している。翌年の覚には、「福州口にて糸の外、巻物の類買間敷事」とし「いつれ共手のあしき物迄にて、御用立たず候」と、福建での購入生糸の努力と今後の対応

を厳しく求めている。

寛永期は藩政創設期から確立期に至る重要な施策の発想をみることができる。諸政策には未熟さと優秀な政策が混在していることが多いが、ここを起点とする思考が後世の政策確立に繋がっていったともいえる。琉球支配及び琉球口貿易への対処のための支配組織の整備・貿易事業立ち上げなどに際して、思惑と現実との差違が認識され、政策調整、転換が図られ、徐々に制度・組織が完成されていく過程がみられる。薩摩藩の琉球口貿易が当初の思惑とは違い、琉球国を仲介する中国への進貢貿易の難しさが現実の問題として認識されていく過程でもあった。

第九章

島津重豪の治世

宝暦五年（一七五五）～天明七年（一七八七）

島津重豪
鹿児島県歴史・美術センター黎明館蔵
玉里島津家資料

藩改革で財政難から救った立役者

島津重豪《しまづしげひで》の藩主在位期間は、宝暦《ほうれき》五年（一七五五）から天明《てんめい》七年（一七八七）。島津家二十五代当主であり、薩摩藩八代藩主。父・重年《しげとし》は宝暦三年（一七五三）、幕命による木曽川治水工事（宝暦治水《ほうれきちすい》）を命ぜられ、莫大な費用と殉職者八十余の犠牲者を出し完成させた。同五年五月に完成し、それを見届けた翌月、重年は心労が重なり二十七歳で病死した。家督は十一歳の重豪に継がれ、若き藩主の誕生となった。若年のため祖父継豊《つぐとよ》が藩政を担った。

重豪の事績では、安永《あんえい》元年（一七七二）藩校・造士館《ぞうしかん》を設立、儒学者の山本正誼《やまもとせいぎ》を教授とした。また、武芸稽古場・演武館《えんぶかん》を設立し、教育の普及に努めた。翌二年には、明時館《めいじかん》（天文館《てんもんかん》）を設立し、農業推進のための天文学や暦学の研究をおこなった。

将軍家との婚姻関係を持つ唯一の大名は島津家であり、しかも二回の婚姻がなされている。最初は十一代将軍・徳川家斉《とくがわいえなり》の正室（御台所《みだいどころ》）となった広大院《こうだいいん》（茂姫《しげひめ》）で、重豪の娘である。重豪は将軍の岳父として高輪下馬《たかなわげば》将軍と称され、政治的には薩摩藩の権威を最も高めた藩主といえるが、そのことが逆に藩財政を圧迫し、薩摩藩は五百万両の借財を持つ類例のない窮乏藩となった。その財政難の改革のために調所広郷《ずしょひろさと》を改革主任に命じ、改革を断行させ、結果成功した。また、重豪は中国・欧米文化にも強い関心を示し、二十八代当主となった曾孫の斉彬《なりあきら》の思想形成や近代化政策に強い影響を与えた。

薩摩藩の借財と原因

薩摩藩の借財の推移を表にまとめると、次のようになる。

年代	一六一六	一六三二	一六四〇	一七四九	一七五四	一八〇一	一八〇七	一八二七
借銀高（万両）	二	一四	三四・五	五六	六六	一一七	一二六	五〇〇

財政困難の経緯を示す史料「海老原雍齋君御取調書類草稿」によれば、

江戸邸中月給十三カ月滞リ、諸買物ノ代価・夫賃亦同シ、使ヒ出ルニ駕籠ノ夫ヲ給スルコト能ハス、歳末ニ贈ル目録モ金ヲ渡スコトヲ得ス、邸中草長シ馬草トスルニ至リとあるように、江戸藩邸勤務の藩士の給金が十三か月も滞り、藩邸には草が生え放題で人夫雇用の賃金もなく馬の秣《まぐさ》として馬に食《は》ませる次第であったという。さらに参勤交代の旅費もなく江戸滞在を余儀なくされるなど「至困《しこん》の極《きわみ》」なりと表現している。

借財が急激に嵩《かさ》んだ理由について、新納時升《にいろときます》著の『九郎物語』（本来は苦労の意味）には重豪時代の繁栄の裏にどれほどの経済負担があったかを実直に述べた鋭い指摘が記されている。

第一は、将軍家への輿入《こしい》れと将軍家との交際費用が厖大《ぼうだい》であること。十一代将軍徳川家斉の正室となった重豪の娘茂姫（後の広大院）の経費を新納時升は「此事は商議の及ぶ所にあらず」と書くなど、それがどれほどであったか、計り知れないといっている。

第二は、薩摩藩には三侯《さんこう》（藩主が三人）いるという。高輪邸には大隠居重豪、実質二十万石相当の諸侯並みの生活や必要資金、白金邸の隠居斉宣《なりのぶ》は十万石相当の諸侯並み、それに本邸（藩主）斉興《なりおき》を合わせ薩摩藩は三諸侯を抱えているようなものであり、経費はとても領国生産額では及ぶものでない。本邸の芝には藩主斉興と世子《せいし》斉彬がいる。

第三は、重豪公子の養子縁組や婚姻政策。重豪は諸侯の養嗣にさせる政策を積極的に実践し、中津《なかつ》藩に昌高《まさたか》、黒田藩に斉溥《なりひろ》、八戸藩に信順《のぶゆき》を藩主養嗣に据えた。養嗣費用は、二、三万両は下らないとのこと、合計は十万両ともいわれ、また、息女十余君を列侯に輿入れさせ、これも一人に一万両は下らず、化粧料一年に一人千両と見積もると合計では一万両、十年すれば十万両と費用負担を推測している。この三か条により表向きには薩摩藩の威光が天下に輝いたが、財政負担は藩の力をはるかに超え、藩財政は悪化の一途をたどっていった。

財政改革者調所広郷の実績

近世の薩摩藩密貿易といえば、誰しも調所《ずしょ》笑《しょう》左衛門《ざえもん》広郷《ひろさと》を思い起こすのではないだろうか。

この調所広郷は藩政改革の立役者とも、密貿易の首魁《しゅかい》ともいわれる。しかし、藩政改革と密貿易は別々の事象ではなく、藩政改革の一つの手立てが密貿易であった。そのため、幕府の御禁制の密貿易の責任が藩に及ぶことをおそれ、密貿易の責めを一身に負い自害したとされたのである。調所の死因も死去の場所も月日も、最近の研究であきらかになった。彼の功績は知られながらも、藩内事情（斉彬藩主擁立に反対）によって、斉彬及びその一派には評価されなかったという歴史的結果がある。しかし、原口虎雄《はらぐちとらお》著『幕末の薩摩』や芳即正《かんばしのりまさ》著『調所広郷』のように、彼個人に焦点をあてた論著によって歴史的評価を得るようになった。「悲劇改革者」と称せられるように、生涯を藩財政立て直しに懸け、苦難の末に偉業を成し遂げ、藩の将来を開いた人物であるにもかかわらず、非業の死であった。しかし、彼の死因や死去の月日が明確にされたのは、芳即正『調所広郷』の最近の研究による成果である。同著には「嘉永《かえい》元年（一八四八）十二月十九日、調所は江戸芝藩邸西向（西側）の宿舎で死去した。海老原らは病死とするが、斉彬によると『笑（笑左衛門）吐血《とけつ》』とあり、単なる病死ではなく服毒死というのが真相のようである」と記されている。

次に調所広郷と琉球口貿易との関わりをみることにする。

調所広郷が琉球口貿易と関わりを持ったのは、文政《ぶんせい》七年（一八二四）のことである。文政七年十一月一日に、側用人格両隠居続料掛《そばようにんかくりょういんきょつづきりょうがかり》に任ぜられたのに始まる。両隠居とは元藩主の島津重豪、前藩主の斉宣のことであり、両隠居続料掛の重要な仕事は、肥大化する隠居（重豪は高輪邸、斉宣は白金邸）経費をどのように工面するかであった。隠居経費の削減には両隠居の反発が強く、そのため増収を図る財政的処置が必要とされたのである。隠居経費の財源は琉球口唐物《からもの》の収益を充当する考えがなされ、琉球口貿易拡大による増収しかなかった。しかも、文化七年（一八一〇）、長崎会所貿易《ながさきかいしょぼうえき》に編入されて以来、幕府の統制下では交易（販売）権は限定されていたのである。

調所広郷の役職歴をみる。

文政《ぶんせい》八年（一八二五）八月廿七日

側用人側役勤めに転役となる。引き続き、両隠居続料掛を兼務している。

文政九年（一八二六）五月

琉球館聞役名代勤を命ぜられ、一層深く琉球口貿易に関わることになった（『調所広郷』）。

文政十年（一八二七）四月

調所に太平布二匹の賞賜があった。「先御役内二丸御続料掛之節、唐物品増御願済、去秋初御商法相済候処、相応之御益有之候」との業績によるものである。史料の「唐物品増御願済」は文政八年の幕府への貿易品品増の願い立てのことであり、同年免許された。「去秋初御商法相済候」とは、文政八年に品増の免許十六種の品目が五か年の年限ではあるが、文政九年の秋には実際に長崎口で交易された。

そして、琉球口唐物の品増が「相応之御益有之候」とされるように、かなりの利益をあげるに至った功績により、太平布《たいへいふ》二匹の賞賜《しょうし》がなされたとされるのである。ところが、次の史料によると、琉球口貿易の功績によるとは断定できない。時は遡るが、文政八年八月二十八日、以前より両隠居続料掛を命ぜられていたが、御定式外の株々をもって、続料の備えをなした功績により、芭蕉布《ばしょうふ》三反を賞賜されたというのである（『調所広郷』）。「御定式外の株々」とは何かを明らかにし得ないが、幕府の長崎口貿易以外に何らかの増収の策を見出したとすれば、密貿易ではないかと疑いたくなる。というのは、前述の「唐商とも差出《さしだし》候《そうろう》願書《ねがいしょ》」（『通航《つうこう》一覧《いちらん》続輯《ぞくしゅう》第二』）で、唐商十二家が薩摩藩の不法な貿易を訴え、薩摩藩の密貿易の実態が知られていたからである。文政十年に薩摩藩の財政逼迫《ひっぱく》は三都（江戸・大坂・京都）の借財五百万両にも達したといわれる。ここに至り、重豪に財政整理の藩政改革を決意させた。老齢の重豪はみずからの代理者として、調所を財政整理の改革者に抜擢したのである。文政七年以来の唐物商法開拓で、重豪の期待に見合う才覚を認められたのであろう。「去子年（文政十一年）以来改革之趣法、治定相崩れず候様心掛之事」（『調所《ずしょ》廣郷《ひろさと》履歴《りれき》』）とあり、文政十一年から本格的改革が実施された。同年三月、同六月、翌年五月には、大坂での借財の件での功績により、それぞれ銀五十枚、増高（五十石）、増高（百石）とされた。この功績は、天保《てんぽう》元年（一八三〇）十二月、調所に下した重豪の朱印状に記されている。「年来改革幾度モ申付置候得共、其詮無之処、此度趣意通、行届満足之至ニ候」と、今まで財政方に試みさせたが果たし得なかった借り入れも調所によってうまく乗り切ることができたのである。この実績を評価して重豪だけでなく斉興も朱印状を下し、改革の大任を命じたのは天保元年十二月のことである。

改革の目標は、次の三点であった。

一、金五拾万両
　右来卯年（天保二年〈一八三一〉）より来る子年（同十一年〈一八四〇〉）迄相備候事、
一、金納（一名御手伝金とも唱ふ）幷非常手当（軍用金）別段有之度事、
一、古証文取返し候事（大坂江戸及び鹿児島等右負債）、

「右三ケ条之趣申付候事」（『調所廣郷履歴』）とされたのである。この下命を受けて、同年十二月に調所の差出書には、難題の改革を実行するにあたり、「滞りなく私存慮通取計候様」と改革の全権と、藩家老への調所の指図を守るべき旨の令達を要請している。これこそが調

所の先見の明を示したものである。藩主による家老以下家臣への厳命の令達が功を奏する要因といえる。

天保四年（一八三三）正月、重豪は死去したが、同年三月に斉興は再度朱印状を下し、調所の改革を評価し、そのまま改革の続行を命じた。また、改革の協力者である大坂商人浜村《はまむら》孫兵衛《まごべえ》との連携も付け加えている。同年、斉興によって、調所は家老に任ぜられた（『薩藩天保度以後財政改革顚末書』）。

また、天保八年（一八三七）の「三都及び南部国元借財の儀」の項目には、「京大坂之分ハ本千両ツヽノ宛ヲ以テ年府（賦）本入之仕法相初候」とされ、千両につき四両は、借財五百万両にすると二万両となり、借財五百万両は年賦二万両の元金だけの支払いとしたことになり、支払年限が二百五十年となる。これが、いわゆる薩摩藩の二百五十年賦といわれるものである。なお、引用文中の「南部」は南都のことで奈良、また「年府」は年賦のことであり、江戸の商人には翌年実施した。この年賦償還が債権商人に与えた影響は大きく、債権商人は幕府に窮状を訴えるに及んだ。しかし、浜村孫兵衛への処罰は大坂三郷の所払《ところばら》いだけで決着している。薩摩藩や改革の張本人である調所にはお咎《とが》めはなかった。このことについて、重豪の余威だけではなく、天保七年四月十六日、藩の幕府対策として金十万両が上納されたことが指摘されている（『調所広郷』）。

重豪下命の五十万両の備蓄は、天保十五年三月三日の書状（『薩藩天保度以後財政改革顚末書』）に達成したことがみられることから、同年のこととされる。斉興下命書状の天保四年の段階で、既に半分は達成していたことが記されていることからすれば、目標達成が予定以上に長引いたことになる。

財政改革の切り札――流通海運政策

調所広郷の財政再建の一つの手法をみる。「藩領内で生産した米は肥後米よりは劣るものの、俵を精巧に造り、米の品質もあがり他領米より優れたものであると思われるのに実績が得られないのはなぜか」。調所はその疑問を持っていたが、解答を見出していた。

問題点は大坂への米積船が「年々長防又ハ阿州辺の借船にて候」（「海老原清熙《えびはらきよひろ》家記抄」）にあることを指摘し、長州・防州、阿州から薩摩藩に商売に来た帰船に薩摩藩の米・専売品を日本の流通拠点大坂に運んでもらっていたことに起因していることを突き止めたのである。阿州とは阿波藩のことで、薩摩藩でも需要の高かった藍玉《あいだま》商売に来た船の帰り便を頼っていたことは、運賃が極端に安かったことによるものであるが、それは逆に、藩独自に所有する船団がなかったこと、海運業者が成長していなかったことをも意味するのであった。

その解決策に、四艘（富吉丸・富永丸・富福丸・富徳丸）を重富《しげとみ》（鹿児島県姶良市）で造船して藩直営による海運業務を営み「三島方」と称した。他藩船に頼った海運では大坂で商売する時期や数量を管理することができないため、効率化や利益、将来性を見越した藩営商船団所有という決断がなされたのである。

その後、藩営商船団は三島方改革により黒砂糖運送を以て組織され、「運漕ノ船々数十隻造船ノ資金ヲ貸シ三島用船ト唱」とあり、薩摩藩財源の中核である黒砂糖専売の運送を担うことになった（「海老原清熙家記抄」）。実際には黒砂糖運送を中心としながら、非常事態には兵粮・弾薬運送の役割を担ったことが知られる。

前之浜、指宿、山川、久志、坊、加世田、川内、阿久根、出水、波見、柏原、日州赤江等へ大船二十三反帆之船ヲ頭トして五反帆等之中船多数新作シ、平常南諸島之砂糖運輸之為メ使用シテ、非常之節ハ訣船ヲ以テ、粮米弾薬等運搬ノ為メニ備置ケリ、

大坂への米積船に端を発した海運は、調所広郷の黒砂糖専売制度整備に伴う有益な輸送方法として拡大し、この藩御用船としての雇船の建造を領内各港の商人が担っていった。それ

まで薩摩藩が藩内のすべての貿易を独占していたために、豪商は存在しなかったが、ここに至って船持ち商人（海商）が誕生する契機となったのである。

新造船建造には特別な貸付をし、返済についても、「返上方之儀は島方一上下何程宛と五六ヶ年目には皆納相成仕向」とあるように、上方・奄美間の黒糖運輸に従事させ、五、六年ほどで返済できるよう取り計らう旨の政策を打ち出している（『薩藩天保度以後財政改革顛末書』）。

その成果について、天保六年（一八三五）閏七月十日付浜村孫兵衛宛調所笑左衛門書状に、「只今ニてハ船造立願、余多ニて困リ入候位ニ御座候、是まてハ何様才足（催促）いたしても皆断勝之処、右様ウルサクほと願人ニて込入申候、是ニて物毎（物事）うらはら成たる試験ニ御座候、皆以御蔭ニて候」とあり、この施策が最初は思惑通りにはいかなかったものの、後には調所広郷の意図したように順調に展開したことが知られる。このように、天保年間（一八三〇～四四）から幕末にかけての活発な海運は、藩の海商への手厚い保護のもとに展開されたものであり、海商の活発な活動が黒糖などの専売制を支え、藩政改革の一翼を担ったといえる。

天保期にみる藩密貿易の実態

薩摩藩の密貿易が広汎におこなわれていたとされる天保年間の史料に基づいて密貿易の実態をみてみよう。

但し、この場合の密貿易とは、薩摩藩の琉球口（進貢）貿易の輸出品である俵物《たわらもの》（煎海《いり》鼠《こ》・干鮑《ほしあわび》・鱶鰭など）をいかに調達したかをみる密買の実態である。「天保六年三月二十八日付老中加賀守より御勘定奉行方出雲守に渡風聞書」に、次の記述がみえる。

> 唐物代物ニ相渡候俵物と唱、煎海鼠・干鮑・鱶鰭之三品幷こん布之儀、松前より重（直カ）に買入候品之処、右上品之煎海鼠抜散、越後国ニて密売買有之、薩州え相廻り候由、後俵物請負人とも、兼て長崎会所え申立候ニ付、去々巳年出羽守殿え申上之上、越後国外御用序、御普請役え申付、同国海岸通り、浦々為見廻、俵物稼方為相糺候処、新潟・海老江近辺重て松前産之煎海鼠多分相廻り、直ニ薩州船え密売いたし候段相違も無之様ニ相聞候旨申聞候間、（中略）、松前表え年々長崎より会所役人両人ツヽ罷越、都て北国

筋之俵物買入候儀之所、近来薩州船を外国之商船ニ仕立、松前え差廻し、俵物類密売いたし候由風聞有之、右密之方え抜散候哉、近来長崎会所え買入候俵物品合相劣り、出方も少く候ニ付、

長崎貿易の主力輸出品である俵物が薩摩藩の抜買により、多大の損害を蒙《こうむ》っていることを告げている。琉球から中国への輸出主要品目である俵物は、薩摩藩による俵物密買に依存していた。薩摩藩には輸出できる俵物の領内生産がなかったのにもかかわらず、琉球口貿易での輸出品である俵物の存在は当然、幕府の知るところとなった。この薩摩藩領外の俵物の密買の事実を隠蔽するための方策として、幕府巡検使応答集がつくられている。

その密売買に二つのルートの存在が知られる。一つは、「新潟・海老江近辺重て松前産之煎海鼠多分相廻り、直ニ薩州船え密売いたし候」とあるように、売り手が松前産の煎海鼠等を新潟まで運び、この海域で密貿易がなされたことを示している。もう一つは、「近来薩州船を外国之商船ニ仕立、松前え差廻し、俵物類密売いたし候」とあるように、薩摩藩から直仕立ての船がやってきて密買をしている。しかも、密貿易を隠すため外国商船を装っているというのである。この外国商船仕立てというのは、誇大に訴えるためではなく、事実そのよ

うに見えたのである。というのは、薩摩藩は意図的に、琉球よりの進貢貿易船に備えられた武装用櫓を取り外した船を密貿易に用いたものと考えられるからである。

幕府による俵物独占集荷体制への密買の割り込みは、公的な長崎口貿易の俵物主要産地である北国筋《ほっこくすじ》俵物の長崎会所（俵物役所）の仕入れを「近来長崎会所え買入候俵物品合相劣り、出方も少く候」と、俵物の集荷を困難とさせたばかりでなく、中国商人からも俵物抜荷の弊害が訴えられている。文政八年（一八二五）「唐商とも差出候願書」によって実情がわかる。

琉球口より長崎会所廻しの唐物は琉球の進貢によって福建で購入したもので、荒物《あらもの》・端（反）物・小間物その他多種に及んでいる。また、琉球からの進貢品は煎海鼠・干鮑・昆布である。そこで、問題なのは我々唐商が長崎口貿易に持ち渡る以前に琉球商品が出回っていること、また長崎口で購入した俵物も、帰帆する以前に、薩摩藩からの俵物が中国に出回っていることである。さらに「願書和解」では、「全く薩州より琉球え罷越、商売仕候儀ニて荷物之品位ニ不拘、直段下直ニ有之候よし」（『通航一覧続輯第一』）とある。

薩摩藩の琉球渡しの俵物が中国全体に広く流通していた原因は、まず品質が良いことに加え、この史料にあるように「下直（値）」（安価）であったことにもよる。琉球口貿易の輸出品の俵物は、全面的に薩摩藩の密買に依存していたことは前述の通りである。

幕府の俵物集荷体制は、長崎口貿易の一環として設けられ、輸出品の俵物集荷を担当していた。この俵物集荷体制（機構）の転換期が天明五年（一七八五）で、この時は長崎口貿易にとっても重要な意義を持つものと考えられる。天明五年二月の下知《げち》によると、俵物一手請方商人を廃止し、長崎会所みずから俵物の独占集荷にあたること、また俵物請方商人の長崎俵物会所を廃止するとともに、長崎会所内に俵物役所を設置することを打ちだしたのである。

天明五年二月二十一日付「達」には、その間の事情を伝えている。「此度長崎俵物受取之者請之儀相止」とし、「煎海鼠・干鮑・鱶鰭《ふかひれ》・昆布とも長崎会所直買入」としたのである。その間、宝暦四年（一七六四）・明和《めいわ》二年（一七六五）・安永七年（一七七八）と、再三増産を奨励し、その結果が実を結び、増産がなされたことをふまえた上での会所直支配への転換であった。浦々湊々で「煎海鼠・干鮑等密買致候者」の取り締まりを厳しく沙汰し、売買等がおこなわれた場合には、幕府御領は代官に、私領は領主に訴えることを命じている。脇売り、密売買の取り締まりを厳しく令達した。いかに俵物が重要であるかが窺える。

天保六年の段階に至っては「天保六年三月二十八日、老中加賀守より御勘定奉行土方出雲守渡風聞書」が記すように、薩摩藩の俵物の密買は、まさに藩営密買であり、琉球口貿易の輸出品調達にみられるように広汎におこなわれた密買の実態である。

次に、密貿易のもう一つの面である違法に輸入した品物をいかに売り捌《さば》いたかをみることにする。とはいえ、琉球口貿易で入手した品物を薩摩藩がいかに密売したかを数量を挙げて論ずることは不可能である。そこで、薩摩藩の琉球口輸入品を長崎口貿易に吸収させた経緯と、薩摩藩の財政再建のための手立てを求め、長崎会所貿易のなかで、いかに琉球口輸入品の品目の拡大を図り、また数量増量を獲得したかをみることにする。このことは、幕府の長崎貿易に支障をきたすことになるのであるが、執拗《しつよう》な薩摩藩の品替・品増・増量などは、幕府中枢での政治的駆け引きを伴い、将軍家斉の岳父島津重豪の暗躍、中央での幕府要人への働きかけを背景としていた。この幕閣工作については、黒田安雄「財政改革期の行政機構」で詳細な論及がなされている。

昆布を運んだ北前船

富山の売薬は世に有名である。俗にいう「越中富山の反魂丹《はんごんたん》」である。越中富山の薬売りというと、薬行李《こうり》を背負う姿を思い浮かべるのであるが、それは一つの情景を表現したにすぎない。農村のなかに入り込み、一軒一軒の農家を回る様子はそうであっても、そのこと自体は越中売薬人が農家へ薬を置く、配置といわれる作業の最終段階でしかない。売薬人が越中の国を出掛ける時から薬を背負うのではなく、物資の集散する津港地域までは北前船《きたまえぶね》に乗り、薬は薬荷として積載品目録に登記記載される積荷である。日本海を自在に航行した北前船が越中売薬の背後に存在していたのである。北前船の航跡には、北の松前から西廻り航路沿いの各地に至る領域経済圏が成立していた。

一方、薩摩藩は琉球を仲介とする中国への進貢貿易によって、中国─琉球─薩摩という国際的な流通機構のなかにあり、東アジア世界における日本のサブセンター的役割を担っていた。この両者が越中売薬という一見小さな存在を媒介とした時、琉球口貿易と松前口貿易の二つの貿易圏が一つに繋がることになる。北は北海道から薩摩・琉球経由で中国へと繋がる国際的貿易圏が成立するのである。

江戸時代、幕末とはいえ商品経済の流通を促進する行為は自給体制を前提とする封制社会にとっては存亡の根幹に関わる問題である。薩摩藩にとっても同様であり、領内での商品経済の発展は抑制しなければならないのはいうまでもない。しかし一方、琉球口貿易による遠隔商業を展開する薩摩藩にとって、領内でまかなえない輸出品の集積は絶対的に必要なことであった。薩摩藩は越中売薬商人に昆布献納を名目とする取引をすることで、貴重な琉球口貿易の輸出品昆布を確保したのである。また、越中薩摩組による領内での行動には、藩独自の厳しい規定を適用し管理統制を強化することで商品経済の弊害を押さえ込むことができるとした。

越中売薬人が行商の対象とした領域は全国に及び、行商圏は日本全域を包括するという特質を持っていた。このように彼らの活動領域の拡大に北前船が一役かっていたことは事実だが、北前船の正規搬入航路の西廻り航路以外にも、越中と薩摩を結ぶ海運の存在がみられるのである。

薩摩の地は地理的には辺境の地であり、また藩内の事情としても特殊性を持つ、最も鎖国的な領域とされる。しかし、その薩摩藩も富山売薬にとっては例外ではなく、彼らの行商圏内であった。薩摩藩領で売薬を許可された、いわゆる「薩摩組」がそれである。薩摩藩の領内に入港することは困難であったが、むしろ昆布積載の北前船は薩摩藩が積極的に招いた領外船であり、昆布購入の重要な手段の一つとなった。

国際商品「昆布」の流通には、中国―琉球―薩摩―松前という流通経路が存在し、世にいう「薩摩の密貿易」の担い手の一つに北前船の活動があった。北前船の昆布積載は越中薩摩組の領内売薬許可と表裏一体のものであった。しかも、この時期は藩政改革の立役者である家老調所広郷の琉球口貿易拡大政策が背後にあったことは見逃せない。

また、薩摩藩領内での越中売薬認可は一見すると、藩政との矛盾であった。代表的な例として、薩摩の閉鎖性の一つに浄土真宗信仰の禁止がある。「慶長二年二月二十一日、島津義《しまづよし》弘《ひろ》掟書《おきてがき》」（『旧記雑録後編三』）。

一、一向宗之事、先祖以来御禁制之儀ニ候之条、彼宗体になり候者は曲事たるへき事、

一、薩州表は古来より浄土真宗之儀は堅く御停止之所御座候間、数年入込懇意ニ相成《あいなり》候《そうろう》共《とも》宗門之沙汰決て相咄《はなし》申《もうす》間舗《まじく》候事、

このように浄土真宗を禁止する薩摩藩の事情に対し、越中は真宗王国ともいえる国柄である。薩摩藩の宗教政策である民衆への真宗信仰の禁圧は、一部には民衆の信仰を強烈に強いものにし、さらに内面化していった。禁止された真宗信仰は「隠れ念仏」という薩摩独特の信仰形態を生み出した。

薩摩組が守るべき掟で極めて重要なものに、真宗のことは禁句であるという厳守すべき一

項が、「示談定法書」にみられる。文化十五年五月付、「文政元年五月、薩摩組示談定法書」（『富山売薬業史史料集』）。

真宗を持ち込まないという一項は、薩摩藩領内で売薬が許可されるかどうかを左右するほど大事なことであった。藩政による宗教政策――宗門の禁圧――が信仰という内面的なものに対する取り締まりとしてどれほど功を奏したかは疑問である。また、「隠れ念仏」に越中の薬売りがどれほどの関わりを持ったかも具体的に知ることは難しい。

全国を行商圏とする越中売薬は、薩摩藩にとっては幾つかの魅力があった。一つは情報の入手であり、そして最大の関心事は彼らの薬荷移動の時にも活用された北前船の広汎な活動にみられる流通経路及び流通手段の利用である。当時の北前船は北陸地方と松前を結ぶ松前交易、そして下関を経由して天下の台所・大坂を結ぶ西廻り航路を持ち、日本海を自在に航行していた。この北前船が薩摩藩にとって最も期待される貿易品を積載し流通させていたのである。

慶長十四年（一六〇九）の琉球侵攻を契機に薩摩藩による琉球支配は始まるが、この弘化《こうか》（一八四四～四八）・嘉永《かえい》（一八四八～五四）の幕末期においても、琉球口貿易での進貢貿易を維持し、同貿易の利益を藩の財源に組み入れていたことは不変のものであった。

琉球経由輸出品「昆布」

藩財政を支えたといわれながらその実態が解明されにくいのが琉球口貿易の利益であるが、その断片を重要な輸出品「昆布」調達における調所広郷の関わりからみていきたい。

その前に、近世薩摩藩を語る時、決定的な場面で「密貿易」の語句で済ませていることが見受けられる。密貿易だからわからない、わからないから密貿易と呼ぶというように密貿易の語句に不合理なことをすべて背負わせてきた。同時に密貿易の語句は、わからないことをわかったかのようにあらわす魔法の語句としても使われてきた。密貿易の語句の意味が定義されていないことから、このような問題が惹起《じやっき》され、密貿易の用語が漠然とした空想を生み、時代的に違う内容にもかかわらず聞き手も使い手も個々の概念で使い受けとめていると思われる。

家老調所は藩財政再建の財源確保のために、幕府の意思に反した手法や量目を獲得した。それは幕府側からみると、「悪」や「偽」「密」である。体制側にとって不利益を蒙《こうむ》ること、即ち「密貿易とは体制に逸脱した行為」と定義する。家老調所は藩の利益のために積極的貿易政策を展開したのであり、幕府のいう密貿易、藩のための藩貿易の両者を合わせて「藩密貿易」の造語を本書では用いた。

藩領内での免許を得て売薬事業を展開したのは、越中売薬「薩摩組」であった。薩摩組の成立は天明《てんめい》三年（一七八二）と思われる。その後の経過は、藩権力による要求に対応するために薩摩組の薬商人組織が構造的転換を遂げざるを得なかった。薩摩組の変革は、薩摩藩の政治・経済を極めて明確に反映したものであり、薩摩組集団のみずからの利益と薩摩藩の要求を融合させながら、最大限の機能を発揮しようとした結果であった。しかし、薩摩組が直接に藩権力との交渉をすることはなかった。というのは、藩が薩摩組に対して契約相手となることはなく、藩機構の製薬方支配下に置き、その緩衝的《かんしょうてき》役割を製薬方株所有の町年寄《まちどしより》に委ねることにして表面上は藩役所の存在はみられず、間接的支配形式をとっていたからである。

薩摩組は領内での売薬業務を許可される代償に、献上品・上納金などの負担を余儀なくされるのであるが、実際に藩が薩摩組に要求したのは、北前船による昆布の入手であった。藩は琉球口による中国への進貢貿易を経営していたことから、最大の輸出品が昆布であり、その供給者の役割を薩摩組に強要したのである。本来、薩摩組は売薬商人団であったが、藩の求めに応じるために昆布廻漕の経営主体となり、売薬商人の性格が変わったのが家老調所の服毒自殺の翌嘉永二年（一八四九）である。

この間に、調所広郷に関する極めて重要な史料がみられる。薩摩組が廻漕業に転じるための資金は薩摩藩からの拝借金で、弘化四年（一八四七）のことであり、調所の支配下で実施されたと推測される。具体的に調所広郷が薩摩組に関係したことを示唆する史料がある。

弘化四年から松前昆布の廻漕を実施させたことは、薩摩組の中核的人物である密田家の史料から明らかである。史料は島津斉彬より山口定救《やまぐちさだすけ》に宛てた書状で弘化四年九月二十九日付。

> 昆布之事、阿部申候ニ違ひ無之、夫故聞得を恐れ鹿児島之分御免ニ相成、田舎之太平次え付候事と見得申候が、それにてはまた公儀より何か近年中ニ出候ニは相違無之《これなき》候、太平次より色々頼まれかたがた之事とそんし申候、

山口定救は弘化四年六月二十三日数寄屋頭として江戸詰から鹿児島に転勤した人物である。しかし、彼の重要な任務は世子《せいし》斉彬の隠密として、鹿児島での家老調所広郷の動向や外

国船の琉球来航問題の動向を報告することであった。昆布は琉球から中国への進貢物であると同時に御禁制品であり、薩摩藩の輸出の事実は隠蔽すべきものであった。史料に登場する「阿部」は幕府老中阿部正弘《あべまさひろ》、「田舎之太平次」は藩の御用海商である指宿の濱崎太平次《はまさきたへいじ》を指し、この文書から、調所広郷の存在を濱崎太平次の背後に読み取ることができる。

『富山売薬業史史料集』の第六号「嘉永二酉年正月十六日、鹿児島木村与兵衛《きむらよへえ》より富山薩摩組間宛書状」には、家老調所笑左衛門の死、及びそれによる薩州の事情につき書状を出すとあり、家老調所広郷と薩摩組の親密な関係が綴られている。

御案内之御家老調所様御事、江戸において去十二月御逝去ニて、先日相知、就ては御仲間方是迄不時御心配之節ニも、右之御方様いよいよ御汲受《おんくみうけ》下され置候ニ付、違変之儀も御座仕合御座候処、此如何様之御吟味も到来仕候はんと計り難く御座候、

家老調所と越中売薬薩摩組との関係では、調所を「御案内之御家老」としていることでも親密な関係が推察されるが、「不時御心配之節ニも、右之御方様いよいよ御汲受下され」と言及していることも、両者の親密さを示している。薩摩組の保護者ともいえる家老調所が死

去した今は、「此如何様之御吟味も到来仕候はんと計り難く御座候」と、これから先の売薬業務の不安だけではなく、これまでの薩摩組と調所との内密な関係に嫌疑がかかり、探索されるのではないかと案じたものとなっている。つまり、薩摩藩の琉球口貿易の密輸出品を薩摩組が提供したことは歴然たる事実であり、調所の死は薩摩藩の密貿易の罪を幕府から咎められ、その責めを一身に受け自害（服毒自殺）したものと伝えられていた背景があったものと思われる。調所は江戸で嘉永元年十二月十八日（十九日説あり）に死去し、その知らせが薩摩藩に伝わり、藩役人でない町年寄木村がその情報を得て、越中薩摩組宛書状を送付した日付が翌月十六日であった。これは尋常の早さではない。事の重大さを示している。木村にとっても薩摩組にとっても、調所の存在がどれほど重要であったかを窺い知ることのできる史料ではないだろうか。

藩政改革者調所広郷の業績の一断面をみてきたが、彼が財政再建の一つに琉球口貿易を組み込んだことは明らかであり、改革を遂行する過程で、琉球口唐物《からもの》の公許以外の領外販売、俵物の密買、薬種などの密売等を指図していた。つまり、嘉永元年十二月十八日の調所の死は密貿易を過去のものとして閉ざしてしまうものであった。

最後に、日本一の窮乏藩であった薩摩藩の財政を建て直し、明治維新の経済的基礎を築いた調所広郷の評価の問題を取り上げてみたい。調所の偉業は、その後藩主を襲封《しゅうほう》した斉彬や彼を支持する勢力から「奸曲《かんきょく》私欲《しよく》ヲ専ラトシ、国体ヲ損ジ風俗ヲ乱シ、邦家ヲ覆シ危キニ至ラシメ」と憎悪され、調所関係史料の多くは焼き捨てられたといわれる。斉彬が藩主となった場合の財政危機の再発を危惧して、調所が斉彬の藩主継嗣《けいし》に反対したことなどの政治的な問題が輻輳《ふくそう》した結果とみるべきであろう。斉彬の藩主襲封反対が斉彬による調所否定となり、斉彬を尊崇する西郷、そして大山県令等に引き継がれ、調所に関する文書・記録の焼毀《しょうき》によって彼の偉業は歴史のなかに封印されてしまったといえる。封印された調所の偉業を解封した人物は意外にも、鹿児島人でない渡辺千秋《わたなべちあき》鹿児島県令（信州出身）であった。調所の業績を明治新政の参考にするため、調所の腹心で政策に通じた海老原宗之丞《えびはらそうのじょう》（清熙《きよひろ》）に諮問し、明治十五年に提出させた代表的調所関係史料として知られる『藩政改革ニ係ル件及ヒ調所笑左衛門廣郷履歴概略』である。これが調所の事績が甦《よみがえ》った嚆矢《こうし》といえる。

第十章

島津斉彬の治世

嘉永四年(一八五一)~安政五年(一八五八)

島津斉彬
尚古集成館所蔵

斉彬の世界観

島津斉彬《しまづなりあきら》の藩主在位期間は、嘉永《かえい》四年（一八五一）から安政《あんせい》五年（一八五八）。島津家二十八代当主であり、薩摩藩十一代藩主。八代藩主であり、曾祖父でもあった重豪《しげひで》の薫陶を受け、日本近代化の条件を富国強兵と殖産興業であるとして、多方面における藩政改革を実践した。分家今和泉島津《いまいずみしまづ》家《け》忠剛《ただたけ》の篤姫《あつひめ》を養女にし、さらに近衛《このえ》家《け》の養女・篤君《あつぎみ》として、十一代将軍家定《いえさだ》の御台所《みだいどころ》として嫁がせた。外様大名とはいえ、斉彬の人望は厚く、幕府や朝廷でも活躍を期待されており、突然の逝去は志半ばであったが、薩摩藩の近代化の基礎は築かれた。西郷隆盛など幕末に活躍する人材も育てている。

島津斉彬は開明的藩主として知られているが、何をもって開明的といわれるのか。

この質問には、斉彬が安政四年（一八五七）秋に同じく開明的藩主といわれる肥前藩主鍋《なべ》島斉正《しまなりまさ》家臣千住大之介《せんじゅだいのすけ》に話したという逸話を紹介したい。

日本は中古以来鎖国の政策を取り、日本中を一つの世界と思い込み、従って隣国との交わりもせず、一国一君を一つの世界のように心得ている者がおおい。この弊害を除かなければ外国との交際は調うことはないのであり、広く世界と交流して、国家権威をたかめ国威を昂揚する世の中にしてはじめて認められる。国際交流に重要なことは国家に産業を興し、軍事備えをすること、これらのことによって国際社会において日本の国家の権威を維持することができる。

と、斉彬の世界観が示されている。即ち、幕初以来の幕府の鎖国政策が国際社会の世界認識の欠如を生み、その結果として幕末に列強の外圧に対応する能力のなさを露呈するものとなったことを指摘している。斉彬は日本が世界認識の欠如によって国際社会から取り残されただけではなく、列強の植民地かあるいは経済的支配を受けることになることを危惧していた。この国家の難局を回避するには産業を興し、軍事的強化を遂行する富国強兵策が必要であると語っている。幕末の国難の原因から今後の国家的展望までを提示するという世界観を持つ、当時には数少ない識見の藩主であったといえる。藩という限定した意識を捨て、日本国としての意識を高めることを心がけていることを肥前藩士千住大之介に説いたのが右記の逸話であり、国家危機意識が強くあらわれているものとなっている。

薩摩藩主島津斉彬は外様大名であり、幕政への参加は本来的にはあり得ないことであったが、ペリー来航という未曾有の国難への対処、加えて幕末の幕府権力の弱体化が誘因となって幕政への参加が可能となりつつあるなか、老中阿部正弘もまた、幕政の安定のために当時、斉彬の能力を高く評価していた。島津斉彬と雄藩薩摩藩を味方につけておくことが政治力強化に繋がると判断し、幕政に間接的に関われるような環境をつくりつつあったのである。さらに、斉彬は外様大名という地位とは別に広汎な藩主・幕臣・蘭学者などとの交流があり、その知識や交友人材の豊富さ、卓越した国家観を持つ人物であり、幕府再建には必要な人物として認識されていたと思われる。

お由羅騒動

お由羅騒動とは、十代藩主・斉興《なりおき》の後継者の座を巡って、斉興の側室であるお由羅の子、久光擁立派と嫡子・斉彬擁立派が対立した御家騒動である。

久光擁立派は、「祖父・重豪に養育された斉彬が『蘭癖《らんへき》』『金遣いの荒さ』を受け継いでいるのでは」と危惧する家老調所広郷や、鹿児島で育てられた久光を評価する家臣、斉興及び斉興側近の重臣を中心に結成された。

一方、斉彬派は斉彬の開明さによって閉塞的な斉興藩政の刷新や列強の琉球開国問題の解決を望む改革的な家老や家臣団、老中・阿部正弘などを中心に結成された。

この間の藩内対立によって、嘉永二年（一八四九）年十二月三日に、斉彬派の重臣で町奉行近藤隆座衛門、同役山田清安《やまだきよやす》、船奉行高崎五郎左衛門らが切腹、さらに五十名程が蟄居・遠島を命じられた。江戸藩邸の斉彬派へも同様の弾圧がなされた。この騒動で琉球館掛であった大久保利世（利通の父）は罷免・喜界島遠島となり、西郷吉之助（西郷隆盛）も罷免・謹慎となっている。西郷が赤山靱負《あかやまゆきえ》の遺言による血染め肌着を受取、斉彬襲封を強く意識したのもこの頃である。

斉彬の襲封は絶望的に見えたが、脱藩によって斉興の処分を逃れた藩士が福岡藩主、黒田長溥《ながひろ》（重豪の四男）に訴えた。長溥は、弟である八戸藩主南部信順《なんぶのぶゆき》と協議して老中阿部正弘に事態の収拾を懇願した。

藩内の対立は激化していたが、最終的には阿部が将軍家慶に斉興の隠居を促すことを要請。家慶は斉興に茶器を下賜し、隠居をほのめかした。将軍の命令は拒否できず、ついに斉興は家督を斉彬に譲ったのである。

斉彬藩主就任――琉球開国問題と斉興昇進問題

斉彬は世子《せいし》時代の弘化《こうか》三年（一八四六）に、琉球外交問題処理のため幕府から帰国が許されている。それは、弘化元年三月、フランスの軍艦アルクメーヌ号が琉球に来航し、通信・貿易を要求するという薩摩藩支配の琉球での開国問題という大事件が起こったからである。この事件は、未曾有《みぞう》の国難といわれるペリー来航より七年も前のことであり、欧米列強の日本への開国要求は琉球開国問題から始まったのである。まさに未曾有の国難であったのだ。

事件の報告を受けた藩は幕府の指示を仰ぎ、警備兵を派遣した。その後、弘化三年にイギリスは宣教師ベッテルハイムらを琉球に上陸させている。さらに同年四月から五月にかけて、今度はフランス艦隊が再度通信・貿易を要求してきた。当時家老で中心的な役割を担っていた調所広郷は閏《うるう》五月二十五日には老中阿部正弘との内談で、通商貿易だけでも許可することを最終決定として内諾を得ている。当時、薩摩藩や幕府が抱えていた最大の課題は琉球開国問題であったといえる。

さらに、薩摩藩には解決すべき難題がもう一つあった。それは、斉興《なりおき》の昇進問題である。

斉興は天保《てんぽう》十三年（一八四二）十二月一日に従四位上《じゅしいのじょう》に昇進した。斉興が藩主に就任したのは文化《ぶんか》六年（一八〇九）六月十七日であり、従三位《じゅさんみ》昇進内願が弘化元年（一八四四）五月に提出されるまでの藩主期間三十五年にわたる長い藩主務めを評価して昇進させてほしいというものであった。ところが島津家の格付けは従四位《じゅしい》とされ、例外は初代藩主家久《いえひさ》と十一代将軍家斉《いえなり》の岳父《がくふ》重豪が従三位に昇進（追贈）した二例のみであった。重豪には従三位昇進の根拠があるが、斉興には昇進の根拠がない。さらには、広大院茂姫《こうだいいんしげひめ》は天保十五年十一月十日に既に薨去《こうきょ》していたことも昇進を難しくしていた。斉興は昇進問題が解決しない限りは藩主を譲る考えがなかったのである。とはいえ、斉興は琉球開国問題を解決する能力を持ち合わせてはいなかった。

琉球開国問題は、薩摩藩だけの問題ではなく、幕府そのものの存亡にも関わる重大事件として老中阿部正弘は認識していた。琉球は幕藩体制下では、薩摩藩の支配となっていたが、国際的に中国を宗主国《そうしゅこく》とする侯国《こうこく》であり、日本・中国の二重支配下という複雑な位置付けであった。斉彬や阿部正弘が恐れたのは、フランスが琉球との開国貿易交渉を中国とすることであった。宗主国中国が許可すると琉球は開国せざるを得なくなるからである。

琉球が開国すると、次は日本（幕府）の開国問題となることは歴然であった。しかも、当時の幕府の権力は弱く、阿部正弘は苦肉の策として外様大名島津斉彬などの有能な大名の名を借りて幕府権力の強化を図らざるを得ないと考え、今後予想される西欧列強の開国交渉の先駆として解決しなければならない重要案件と考えていた。しかし、高く評価されているとはいえ、斉彬は部屋住みと呼ばれる世子であり、藩主に襲封することがない限り老中阿部への協力もできないのである。

斉彬は国家国防論や外交政策論を持つ、当時としては国際社会認識を持ち合わせた数少ない人物として評価されていただけに、藩主襲封が期待されていた。斉彬は文化六年（一八〇九）誕生、嘉永四年（一八五一）藩主就任であるから、遅咲きの四十三歳の藩主誕生となる。しかも斉興の従三位昇進問題は解決しないまま、老中阿部正弘によって斉興に隠居勧告がなされ、藩主の座を譲る三日前に書いた久光《ひさみつ》宛書状「大急ぎ書きちらし申候」（『玉里島津家史《たまざとしまづけ》料十』）には、隠居勧告の背後に斉彬の画策があったと疑っており、斉彬を極度に非難したものとなっている。

藩主となった斉彬が解決しなければならない琉球問題が、西欧列強の開国要求へと歴史は大きく展開した。ペリー来航が現実のものとなり、未曾有の国難とされるこの外交難題を解決するには将軍家定には政治能力が欠けているといわれた。難局打開のために将軍家定の継嗣が重要な政治課題とされ、紀州派と一橋派の対立となった歴史事象は知られるところである。この対立のなかで斉彬が将軍家定に養女を入輿《にゅうよ》させたことは、みずから推す一橋派を優位にするための政治的謀略であるとする論述もあるが、芳即正《かんばしのりまさ》氏は「将軍継嗣問題と篤姫縁組は本来無関係」との論を『島津斉彬』で発表した。小稿もそれを支持する。

斉彬の国家論・経営論

藩主に就任した斉彬の現実的な国家論・藩主論をみる。

天璋院《てんしょういん》篤姫の入輿は、島津斉彬が中心となって展開した政治的婚姻であったことはいうまでもない。ここでは、斉彬が藩主として、また、斉彬個人として篤姫を将軍家に入輿させれば「全く心おきなく外圧防備のための防備を充分に仕り、より一層の奉公に励むことができる」と語っている（「御一条初発より之大意」『斉彬公史料第四巻』）。

斉彬の国家論は領国内の防備体制の確立という狭い領国論ではなく、国家存亡の危機を意識した国家論を基底に持つものであった。

斉彬は幕末の外圧による危機を為政者による国家観の欠如と考え、今後必要とされる国家観の概念を、「公儀も諸大名もこれまでの一国一郡支配の考えであっては日本国を守備することはできない」と、領国支配から日本国全体を意識した国家観を共有することが必要であることを示している（『島津斉彬言行録』）。明確な国家観を持って、どのような施策を組み立てるかを考えなくてはならないという。

領国にあっては、「国の本《もと》は農とこそ言えり、勧農は政事の本なり」とし、農業の絶対的必要性を確認しながらも、急務とすべきは工業を誘導することであるというのである。工業の育成は緩急《かんきゅう》の区分があり、「緩」とは工業育成発展の基礎は教育であり、幼少からの教育が重要であるという。しかし、今時の工業化は軍艦・大砲の製造など軍事基盤の早急なる体制づくりを意識する「急」であり、まず工業の技術や工業製品を導入することにあると論じている。斉彬といえば近代化工業化としての藩営マニュファクチャー・集成館《しゅうせいかん》事業が知られているが、教育の重視を徹底的に実行した人物であることが忘れられている。

ペリー来航――幕府諮問への上書と本音

ペリー来航に対処するための施策を諸大名にも諮問した阿部伊勢守《いせのかみ》正弘への回答では、

「一朝一夕の考えにてはこれなく」と、琉球開国問題を経験した上での持論を展開している。アメリカ合衆国でも日本が鎖国をしていることは承知の上で条約交渉に来たのであるから、一通《ひととお》りのことでは引き下がらないと思う。しかしながら、幕府の打払令を実践するには海防が手薄で成功する見込みはない。三か年程度の猶予期間が得られるならば、全国の海防が整備され、日本人は元来勇壮の精神を持っているから必勝の策略も見出されるであろう。もし、「彼（アメリカ合衆国）を知り、己を知りて、のちのご処置ござなく候ては、必勝の御良策は行き届き間敷存じ奉り」と、回答している。諸大名はおろか幕閣・幕臣に至るなかでも、最も識見に富む意見であったことは知られる通りである。

その後、斉彬が理論を実践したのが集成館事業であり、政策遂行には教育による導入文化の定着と、地域文化・職人文化の最大限の融合利用を意図し、軍艦・大砲など軍事防備体制の基礎である反射炉や溶鉱炉建造と国内最先端・最大規模の工業地帯が形成されていったといえる。

薩摩藩は五百万両を借財する日本一の貧乏藩であったが、調所広郷の財政改革によって財政が再建され、五十万両の蓄財をなしたとされる。家老調所の功績なくしては、斉彬の事業の推進はあり得ないことであった。この幸運に恵まれながら、国家経営論や世界的視野に立って国家・国防論を展開した斉彬自身の秀でた能力は当時別格なもののようである。斉彬の情報分析の能力は阿片《あへん》戦争情報、琉球への開国要求、ペリー来航情報などオランダ風説書《ふうせつがき》によって事前に入手した情報であり、薩摩藩はオランダ風説書や唐風説書《とうふうせつがき》を秘密裡に入手し、分析を続けた実績に加え、斉彬の個人的能力の高さが独自の国家論・世界観をつくり上げていったと思われる。

老中阿部の諮問への回答である「薩摩守上書」は、前述の内容であるが、幕府への上書の原案が存在することから両者を詳細に比較することができる。原案が上書化される段階で削除された事柄をみることができるのである。なお、削除は不必要から削除されたのか、本音を吐露することに不都合があるとの判断からなされたのか、吟味が必要となろう。まずは原文のまま箇条書き的に摘記する。

①「公辺《こうへん》にて御手始在らせられ、御入用構いなく海防の御手当《お》仰付《おおせつけ》られ度、左候《さそうろう》て、当時諸大名困窮の折柄《おりから》御座候間、軍賦に応し金銀御配当成下され」

②「御手当の内、大砲相備候軍船御造立御座なく候ては、外の儀如何程《いかほど》仰付られ候ても、全備の御手には相成間敷奉存候」

幕府への上書、原案、本音の比較表

幕府への政策要請	海防対策	打ち払い	例外的商品取引	開国・通商	
なし	なし（各藩で対応）	○一時避戦 ○3か年の準備期間	なし	拒否	上書
なし	幕府の資金援助を要請	大砲備えの軍艦造船許可	なし	○露・亜は試験的に許可 ○段階的通商解放・邪宗禁止	原案
○海防体制強化のために1年在府、2年在国に改正 ○オランダ風説書の公開	幕府の資金援助を要請		艦船建造、軍事品購入許可	○すぐの通商は国体に影響 ○諸藩にインドと中国への交易船派遣1艘か、幕府より海防軍資金援助	斉昭宛斉彬書状

③「通商御免の儀は宜しからざる事に候得とも、（中略）、軍備相整候上は仰付られ候ても然るべき哉と存じ奉候」

④「魯《ろ》・亜《あ》両国の分は和蘭同様、何ケ年の間、御試の為商法御免仰付らるべく、尤《もっとも》邪宗の儀は堅相守様、其余の国々はきっと御免仰付られず」

①は、幕府の進める海防に対応するには経済的負担が大きく、幕府からの財政的援助もなく海防を命ぜられても、諸大名は困窮している。そのための海防軍備費相応の軍資金の提供を要請している。

②は、軍備援助のなかでも、大砲を備えた軍艦造船がなければ、その外の軍備が充

実しようとも軍備が完備したとはいえない。
③は、幕府政策は鎖国であり、外国との通商は禁止されているけれども、国家海防・軍備が完成した後には、通商を許可することが適切である。
④は、ロシア・アメリカの両国はオランダ同様の扱いとし、何か年間は通商を試みてはどうか。邪宗の国々についてはこれまで通り禁止する。
以上の四点が原案から削除された主な内容である。この内容が斉彬にとっては最も重要で本音といえるものであることが、次に挙げる嘉永六年八月二十九日付徳川斉昭宛斉彬書状で確認できる。同書状ではさらに詳細な内容となっているが、上書・原案・書状を一覧で比較する。

さらに、書状のなかで特筆すべきことは、幕府からは海防費用捻出のために質素・倹約の儀が再三達せられるが、幕府が海防防備を一筋命じてくるのは理解できるが、書付による命令書だけではどうにもならないのが現状であることを吐露している。財政困窮の大名の海防対策には幕府の資金援助か、インド・中国への貿易船一艘派遣を許可するなどの機会を与えることの必要性を説いている。最も斉彬が重視していることは「艦建造及び軍事必要品購入の允許《いんきょ》」であり、斉昭に書状の最初に書いていることにもその重要性が読み取れる。

結局、斉彬は開国論者といえるが条件付きとなっている。上書にみられるように、現段階での開国は国体に影響することを認識した上で、幕府の打払令による攘夷論《じょういろん》ではなく、国防・海防が不充分であるから、一時（三か年程度の猶予時間）の時間を稼ぐ間は避戦を唱え、国防・海防対策をして初めて対等な立場で条約が結べる。開国通商が絶対的要件と認識しているというのが本音といえる。

西洋通事の充実と蘭通詞

島津重豪による蘭通詞《らんつうじ》招聘《しょうへい》の事例を通して、蘭学を実学とする考えを見出すことができる。芳即正氏は「島津重豪に仕えたオランダ通詞松村元綱」（『鹿大史学』第24号）で、蘭通詞松村元綱の召し抱えは、蘭通詞としてだけではなく、松村元綱が持つ蘭学者の能力に期待したものであるとし、松村は蘭通詞に必須である語学力はもちろんのこと、天文・地理学、本草学《ほんぞうがく》の各分野に優れた学者であったと評価している。

松村は薩摩藩に招聘され、大いに活躍した。重豪が天下の産物を求め、和漢の名称をただし、オランダ名までつけた一大著『成形図説《せいけいずせつ》』の集成を企図している。薬用植物は分植し、国益に資するため薬園署を創設し、専門職としてオランダ語に精通した松村元綱・曾槃《そうはん》（曾《そう》占春《せんしゅん》）を藩に招いたのである。鹿児島城下造士館《ぞうしかん》聖堂《せいどう》に三年、さらに江戸藩邸に勤務させ、産物研究にあたらせている。

一大著書とは、『成形図説』の前身「成形実録」編纂が安永《あんえい》二年（一七七三）に着手され、図解を用いた「成形図説」への大改編事業が企図された。ここに本草学・オランダ語に精通した松村、中国語に精通した向井友章、中国語・医学に精通した曾槃の陣容で、著作の完成が急がれたのである。

蘭学の重要性を認識した重豪によって訓育された島津斉彬もまた、蘭学を実学として受け止め蘭学修得の必要性を痛感し、蘭学稽古と蘭通詞養成を実践した。家臣への蘭学教育として適々斎塾《てきてきさいじゅく》・江川塾《えがわじゅく》などの蘭学塾や医学塾に多くの藩士を入塾させ、蘭通詞養成では長崎蘭語通詞に師事し、年少者を選び学ばせた。蘭語学の熟達は成人では遅すぎとの斉彬の考えを反映したものであり、費用は藩負担とした。

オランダ商館で蘭医学を学ぶ相良運八が、蘭通詞稽古は「兎角《とかく》幼年より見習申さず候ては、往々用ニ立ち難く候旨申出候」と、藩の御用に役立つ人材を確保するための語学修得は幼少期からの教育が最も重要であると指摘したことを重視したものであった。

斉彬が選抜した人材は、年少の郷士《ごうし》（外城士《とじょうし》）の子弟であり、城下士《じょうかし》に限定することなく、能力を見越したものである。なお、指南方を通詞品川藤兵衛《しながわとうべえ》に依頼するため、挨拶料として三十両を長崎会所より借金し準備した。ところが、品川藤兵衛は一人では荷が重すぎるとして、実弟の本木《もとき》昌造《しょうぞう》の二人で指南方にあたることで了承している。

このように、長崎の蘭通詞家は世襲によって制度的にできあがっていたが、薩摩藩の蘭語養成は斉彬によってつくられようとしている段階であり、その出自は城下士・郷士の別を問わず希望者を募っている状況であった。しかし、蘭語養成が蘭学の発展の基礎となることを認識していた。長崎の蘭学の隆盛は、蘭通詞は単なる通訳ではなく、言語理解を通じて学問領域を持つ者も多く、「蘭学通詞」と呼ばれる学問の担い手として存在が確立していた。重豪が招いた蘭通詞松村元綱は天文・地理学、本草学に秀でていたことは既述の通りであり、また、重豪の命で編纂された中国語辞典『南山俗語考《なんざんぞくごこう》』の編者の一人、唐通事石塚崔高《いしづかさいこう》（加世田郷士《かせだごうし》）もまた、「円球万国地海全図」を刊行するなど天文地理学に精通していたことで知られる。

薩摩藩は長崎での異国情報を入手する手段として、長崎蘭通詞との関係を深くしていたことが察せられる。重豪の長崎視察の折の蘭通詞訪問、蘭通詞今村正十郎の薩摩藩雇用は重豪以前であることもわかっている。

指南に長崎蘭通詞を要請したのは、薩摩藩が蘭学に対する藩独自の人材育成を目指したことを意味し、それを企画したのが斉彬である。斉彬は蘭学推進を強く実践した人物であり、例えば川本幸民《かわもとこうみん》、石河確太郎《いしかわかくたろう》、戸塚静海《とつかせいかい》など国内の優秀な洋学者を招聘したことでも知られている。

斉彬の洋学所計画

重豪に続き、近代化路線を推進した斉彬は、日本・琉球を取り巻く開国要求の外圧は危機的状況との認識判断の上で、重豪は外圧に対応するには学問・教育機関こそが手段であり、結果的に富国強兵策を具現化するものと把握していた。まさに、時代の推移を直視する実践的な対応が求められる時代を迎えていた。即ち軍事技術を導入することで軍事力を強化することと、琉球周辺に迫る危機に対処するための外交能力を高めるには外国事情の調査と併行して語学を修得した通詞養成を目的とする機関の設置が必要と判断した。そこで、薩摩藩で最初の洋学施設「蘭学講会所」を創設する。

安政二年（一八五五）三月に薩摩藩は蘭学講会所設立を通達した。設立の趣旨は、列強の危機に対応するための処置であり、幕府の蕃書調所《ばんしょしらべしょ》に倣《なら》って設立したのである。

このように斉彬は通事詞養成を推進したが、本格的な洋学所開設には至らなかった。斉彬の目指した洋学所に代わる開成所《かいせいじょ》が創設されたのは、藩主忠義の元治《げんじ》元年（一八六四）六月のことである。

開成所開設の趣旨は、諸士に新知識を修得させ、時勢に遅れないように学術を授けることとなっている。なお、開成所は新たに設けられることなく、蒸汽方の組織改編での対応となった。残念ながら開成所関係の史料は乏しく、『薩藩海軍史』（公爵島津家編纂所編）に組織・人員・役料、講義内容などが記されるのみである。

講義は五科に区分され、講義の構成は軍役方を機軸としながらも、医学・物理学・数学の自然科学や天文・地理・測量・航海学等の諸学となっている。

科学的な学問探究の基本を語学に据え、蘭・英語の初歩から教育がなされていた。開成所が求める語学は高度な学問・学理追究の手立てであり、成就すれば、海陸軍の軍事的・技術的学問の高度な領域が望めたのであったが、実際には基礎学問所として軍事力強化の下位に置かれてしまった。上級の学術を望む者については、開成所での学業を成就した上で、江戸・長崎での遊学を認めるというものとなった。慶応《けいおう》元年（一八六五）八月に蘭学者八木《やぎ》称平《しょうへい》が死去し、さらに石河確太郎が紡績業務に転ずるに及んで蘭語・蘭学は衰微していった。八木称平は蘭医ボンベの種痘関係を翻訳した「散華《さんげ》小言」や磯邸内の瓦斯燈《ガスとう》の業績を残している。この間英学にあっては「逐年隆盛を来し、巻退蔵《まきたいぞう》（前島密《まえじまひそか》）、芳川顕正《よしかわあきまさ》、林謙三《はやしけんぞう》（安保清康《あぼきよやす》）、嵯峨根良吉《さがねりょうきち》、田中洪等の教師を招聘し、益々之《ますますこれ》を奨励したりき」とあり、英学の隆盛が高まっていった。慶応元年（一八六五）には開成所書生を首班とする薩摩藩の英国留学生の派遣が実現し、修学の成果が薩摩藩の近代化に大きく貢献した。

蘭学から英学へ――薩摩藩の大転換

薩摩藩の英語・英学の導入は、文久三年（一八六三）の薩英戦争以後の急速な両者の接近が契機と考えられているが、その初期の状況はどのような形で展開したものであろうか。

薩摩藩近代化といえば、誰しも想起する人物が島津斉彬であり、集成館事業ということになる。この集成館事業を支えた基礎の一つに蘭語教育及び蘭学があることは既述した。

さらに、薩摩藩には唐通事や朝鮮通詞がいたこと、その実践活動は藩独自に形成展開され、諸藩と趣《おもむき》を異にした通事体制にあった。実際には外国文化摂取の原点である長崎から多方面の手段で導入・展開されていった。薩摩藩唐通事・蘭通詞育成は長崎の地でなされ、長崎は幕府の異国文化の摂取口としての役割を果たし、積極的な諸藩には恰好の供給の場でもあった。

薩摩藩近代化路線即洋学の発展史と思われがちであり、集成館事業がその象徴であるといえるのだが、その基礎となるものが何であるか、その着眼点と、洋学という抽象的な歴史をどの視点で見据えるかが大事である。ここでは蘭学隆盛時代から英学に転換する薩摩藩の動向と起点をみていく。薩摩藩の洋学史の中で英語・英学を位置づける必要があり、藩英学の展開を上野景範《うえのかげのり》という人物を通してみることができる。上野景範は薩摩藩唐通事家に生まれ、唐通事として扶持《ふち》を受け、その後、蘭通詞養成のために長崎に派遣され、さらに蘭学から英学への変更を命じられた人物である。時代の流れに左右されながら自らを現出した人物であり、この人物を通して薩摩藩近代化は実践される。上野景範がこの重要な転換期の契機となったことはあまり知られていない。

上野景範と英学

薩摩藩英通詞なる職掌の文献上の初見は確認できないが、慶応元年（一八六五）に白糖製法のための機械を奄美大島四か所に建設する際の御雇《おやとい》技術者英人ウォートルス及びマキムタイラの両人の通訳として「英通事」上野景範が派遣されており、藩御雇外国人の事例といえる。ウォートルスは明治二年（一八六九）に造幣局権判事の何礼之《がのりゆき》の招聘により造幣局建築に携わっている。何礼之・上野景範・ウォートルスはそれぞれと繋がりを持っており、藩の英語・英学の歴史をみるときに上野の役割は極めて大きかった。長崎英学の勃興は波紋のように自然に諸藩に拡大したものではなかった。長崎現地で蘭学修学中の上野が英学転向を企て、時代の趨勢《すうせい》を見越した独断で上海渡航をした事件は脱藩問題にも発展しかねない大事件であった。にもかかわらず、藩の咎《とが》めは全くなく、それどころか、逆に実績を評価され開成所句読師《くとうし》（読み方を教える人）に登用されたのである。このことが後の薩摩藩英学発展に大きく寄与したといわなければならない。

また、「田畑家隠居跡文書1」なる史料（名瀬市立奄美博物館所蔵コピー）によれば、次の記述がみられる。

田地横目龍郷方佐応仁
右者英学稽古申付
右申渡候
　　　　　　代官勤
丑六月十二日　　村田源右衛門

この史料は奄美大島の田地横目役人《でんちよこめやくにん》である龍郷間切《たつごうまぎり》（現龍郷町）の佐応仁なる人物に英学稽古を命じた書状写である。差出の村田源右衛門《むらたげんえもん》は肩書きから大島代官《おおしまだいかん》であることがわかる。この村田源右衛門が代官に就任した元治元年（一八六四）は子年《ねどし》であることから丑年《うしどし》は翌年の慶応元年となる。この年に大島代官から英通詞稽古が許可されたということになるが、同年は奇しくも白糖製糖工場建造に関わる二か年計画が開始された年であり、藩からは英通詞上野景範が大島に派遣されている。この白糖製糖工場建設との関係によるものであろう。

近世の道之島《みちのしま》は藩直轄地でありながら琉球国を形成する琉球三十六島として大きな役割を演じ、経済・文化は薩摩藩と琉球国の共有する地域となっていた。琉球が近世中期から末期にかけて列強の接近のなかで、道之島もまた列強対応のために語学・文化吸収に努めることが必要であった。藩の認可による英通詞育成とみられる。ここでいえるのは、慶応元年に薩摩藩の職掌に英通詞が存在し、奄美大島に英通詞稽古を任命された文書が確認できることである。また、奄美地方への白糖製糖工場の建設もまた藩洋学導入の象徴的意味がある。

上海渡航と景範

「上野景範履歴」によれば、上野景範は小林六郎・長尾幸作・山下蘭渓と計画して、文久三年（一八六三）に藩命もなく勝手に上海に渡航した。名目は「洋学研究ノ為《た》メ」ということであった。

当時は幕末維新期とはいえ、幕府の閉鎖的な対外政策は堅持されており、海外渡航は幕府法令に抵触する。しかし、上野は欧州交渉のために立ち寄った幕府使節と上海で遭遇したことを幸いに、欧州渡航の助成を懇請したのである。時の幕府の仏蘭西派遣使節正使池田筑後《いけだちくごの》守《かみ》（長発《ながおき》）は、幕法違反としてではなく、漂流民扱いとして取り扱うことを考え、亜米利加・仏蘭西領事館と折衝し、日本送還の便船依頼と長崎奉行への添状を託すなど寛大な対応で接した。歴史学者大久保利謙《おおくぼとしあき》氏によれば、幕府の漂流民送還規定によって上海にいる上野は脱国者として日本送還の処置をされるところを、幕府使節団が便宜を図って漂流民送還手続きで処理したのである。幕府使節団から送還委任された亜米利加国の上海総領事が日本使節宛に提出した漂流民口述書には、上野の上海渡航船は亜米利加汽船ハルセルクイーン号で通常の手続きによる乗船であり、渡航費用も支払ったが、渡航目的は聞いていないというものであった。

幕府使節団の温情による帰国がなされた。上海で長崎送還命令が文久四年（一八六四）正月十日付で出され、長崎に到着したのが同二十四日。長崎到着後帰藩の途につき肥後まで来たが、再び長崎に引き返し、藩邸に上海への密航の件を自首した。長崎では五代友厚《ごだいともあつ》の世話を受け、蘭医ボンベに師事した幕府医官松本良順《まつもとりようじゆん》宅に居候している。事の一件を綴った手紙を父景賢《かげたか》に送付した。景賢は家老座書役の市来宗之丞《いちきそうのじよう》に相談し、藩の処分を仰ぐこととした。市来からの叱責はなく、それどころか上海渡航は立派な心掛けの結果として受け止められ、もう少し上海にいてくれたら都合がよかったのにとのことであった。藩からの処分もなく、同年四月長崎より帰藩するにあたり、五代友厚・野村宗七（盛秀《もりひで》）が衣服と大小の腰の物の面倒をみてくれた。七月に開成所句読師に任用され、修得した英語・英学を講義することになった。

上野景範が薩摩藩開成所の句読師に任ぜられたのは文久四年七月であり、「上野景範履歴」は、開成所学生に関して「森金之丞《もりきんのじょう》（後の子爵森有礼《もりありのり》）・市来勘十郎《いちきかんじゅうろう》（後の男爵松村淳蔵《まつむらじゅんぞう》）・岩山宗八《いわやまそうはち》（敬義《たかよし》）・高橋四郎左衛門《たかはししろうざえもん》（後の男爵高橋新吉《しんきち》）・原田宗英《はらだむねひで》（後の原田宗助）其他多人数ニ英学授ク」とし、英学教育の実践が効果を奏したことを伝えている。さらに、「藩洋書ニ乏キヲ以テ教育書数冊ヲ編纂セリ」と、教科書作成にも及んでいた。藩開成所は幕府の開成所に準じた藩の教育機関である。

第十一章

島津久光の治世

安政五年（一八五八）〜明治二年（一八六九）

島津久光
尚古集成館所蔵

久光の率兵上洛

幕府が尊王攘夷《そんのうじょうい》運動を弾圧した安政《あんせい》の大獄《たいごく》事件は、藩内下級武士急進派志士たちによる過激な突出論を噴出させた。さらに、急進派志士たちは安政五年（一八五八）十一月に起きた西郷・月照の入水事件に対する藩庁の態度に憤激したが、西郷は急進派志士たちに慎重な対応を求めた。

しかし、突出の機運が熟したとして、万延《まんえん》元年（一八六〇）九月、急進派志士の一人である吉井友実《よしいともざね》は「藩士としてやらなければならないことが起きた。生きて再び帰ることはないであろう。同志四拾余人と堅く申し合わせ」と、父親に遺書を残している。

文久元年（一八六〇）十一月五日、藩分裂を避けるため、突然、藩主忠義・久光の連署直書が精（誠）忠志面々（精忠組）へくだされた。

先代藩主斉彬の遺志を継承し、藩存亡を賭けて朝廷への忠勤を約束するとし、精忠組を藩の柱石として藩主補佐の役割を期待するとの文意であった。これまで薩摩藩の藩論は上級武士主導であったため、下級武士に藩主自らの声掛けをしたことは異例であった。藩主が精忠組の精神を是認したことで、同志は深く恐懼《きょうく》・感激し、脱藩計画を放棄して藩主の意志実現に全面協力する旨の請書を六日に提出した。

これが藩の一大転機となり、精忠組の藩政進出の第一歩となった。藩の上層部及び下級武士の穏健派は公武合体であったため、一部の過激派は勢力をうしなった。藩分裂が回避され、精忠組の人事意見をも取り上げたため久光への信頼は絶対的となった。

大久保は西郷宛書簡に「昔日とは比較にならない程の天地懸隔《てんちけんかく》で、得難い時節」になったと書いている。

なお、久光の率兵上洛には、斉彬時代に京・江戸を自在に活動した西郷の協力が必要であったため、西郷を大島から召還している。先代斉彬とは違い、久光には国事周旋《こくじしゅうせん》（公家や幕府役人、他藩との交渉、情報収集など）の経験がないことから、率兵上洛には反対や時期尚早などの建言が噴出したが、久光は受入れなかった。

寺田屋事件

久光は、目的遂行のために側近重視体制と秘密主義を徹底した。それを原因として、藩内の穏健派と過激派の分裂がみられるようになった。

久光の上洛は、尊王攘夷過激派の諸藩浪士の期待を高めるものであったが、上洛にあたって藩士への諭書を文久二年三月に発令。「浪士軽率の所業に同意しては、薩摩藩の禍害であり、皇国一統の騒乱のもと」になるとし、諸藩浪士との交流を禁止した。

無位無官であった久光の上洛の必要条件に勅諚《ちよくじよう》の拝受があった。四月十四日に近衛《このえ》忠房《ただふさ》より会談を求める書翰を受け、十六日に非公式に入京し、近衛家に参殿。朝威《ちよういしんこう》振興、幕政改革、公武合体の周旋の趣旨を述べ、朝廷保護・京都の治安確保ための浪士鎮撫の勅諚を拝受した。ここに久光率兵上洛の名目が成立した。

寺田屋事件は四月二十三日、久光の命令によって藩内過激派を鎮撫した事件とされ、挙藩一致を掲げ藩内の統率を重視した処置といわれている。しかし、この事件は単に藩内過激派を鎮撫した藩内内紛というものではなく、拝受した勅諚の重要性から、朝廷保護・京都の治安確保のための諸藩浪士の狼藉の鎮撫であった。寺田屋事件もその範疇で考えるべきであり、鎮圧の意義とその後の影響は大きかった。鎮撫使の派遣は事件を起こすことを避けた説得のためであったが、過激派の有馬新七らの対応の結果乱闘となったのである。

その延長上に、幕府の文久の改革は位置付けられる。

久光には倒幕の意志はなく、斉彬の遺志を継いだ公武合体路線であったが、朝幕間の君臣の名分を明らかにすることを含んでいた。久光の写した歴史書は膨大であり、日本の歴史に通じた学者であることはあまり知られていない。寺田屋事件を通して、久光の朝廷での信望は高まり、朝廷は公武合体の実現を期待した。これが幕府の文久の改革といえる。

生麦事件

朝廷に対する久光の働きかけによって、五月九日に幕政改革要求のための勅使派遣が決定され、勅使に大原重徳、勅使随従に久光が命じられた。

幕府へ示した叡旨「三条」の内容は次の通りである。第一は将軍徳川家茂は諸侯を率いて上洛、朝観し、国是を討議すること。第二は沿海五大藩（薩摩藩・長州藩・土佐藩・仙台藩・加賀藩）の藩主を五大老として国政に参与すること。第三は一橋慶喜を将軍後見職、前福井藩主・松平春嶽の大老職就任として幕府を補佐することを求めた。

第一・第二は幕府が拒否し、第三について、最初は拒否されたが、一橋慶喜の将軍後見職は認められ、春嶽の大老は拒否されたが後に政事総裁職として受け入れられた。

「三条」の目的としては、第一は、尊攘派を後押しする意向から薩摩藩独占の排除である。将軍の上洛により攘夷断行の勅命を下すことで、長州にも朝廷にとっても有益と考えられた。第二の五大藩は長州藩、土佐藩、仙台藩、加賀藩を立てることで薩摩藩のけん制を目的としたもの。最後は、朝廷が最も重視した国事周旋の要求であった。しかし、幕府にとっては幕府威信に関わる問題であり、受け入れ難い内容であった。

幕府の文久の改革を成功させた久光一行は八月二十一日に江戸を出発、武蔵国生麦村で事件を引き起こした。生麦事件とは文久二年八月二十一日、武蔵国生麦村付近で、久光行列に遭遇した騎馬四人のイギリス人が殺傷された事件であり、リチャードソン死亡、チャールズ・クラーク、ウィリアム・マーシャルの二名が重傷を負っている。

生麦事件の代償について英国外相からニール英国代理公使に届いた命令は、幕府に対して謝罪と賠償金十万ポンドの要求と薩摩藩には犯人の引渡しと賠償金二万五千ポンドの要求であった。

この事件は大きな政治問題となり、文久三年（一八六三）七月、英艦隊が薩摩藩を襲来した薩英戦争に発展している。

久光の討幕資金獲得――薩摩藩偽金造りの実態

幕末薩摩藩の政治的・軍事的勢力の背景となったものは何か。これまで琉球口貿易（琉球国の国への朝貢貿易）の利潤と専売制度（奄美諸島の黒糖など）の独占による利益が双璧とされてきた。しかしながら、薩摩藩の「偽金」もまた、幕末薩摩藩の討幕資金としての役割を担っていたといえる。薩摩藩の財源は偽金を含めた鼎立《ていりつ》によるものであり、偽金を加えることで幕末薩摩藩の政治力の背景となった財源がより実態を見据えたものとなるであろう。

市来四郎《いちきしろう》の爆弾発言（明治二十五年〈一八九二〉七月二十七日の座談会、「史談会速記録六」）

市来　初め琉球通宝を二三千両も造りましたが、其《そ》れから文字を替へて天保通宝を造りました、其れで宜《よ》い助けになりました。其れから維新期になりましてから諸藩同様一分金も二分も拵《こしら》へました、其の時は国中の梵鐘《ぼんしょう》などを引上まして古い大砲、鍋、釜の類も皆々無く致しまして造りましてございます、

丁野　アナタは鹿児島に居りましたか、

市来　私は海岸に居つて、天保銭を製造することを司つて居りました、昼夜の分ちなく製造しておりました、海岸に沿ふて居る製造局でござりましたが、焼かれまして困難致しました、天保銭の為め戦争後の兵火に罹かつたものは、怨言を吐かぬでござりました、充分に救恤《きゆうじゆつ》を致しまして、兵火に罹かつたものは家が新しくなつた様なもので、却《かえつ》て喜んだ方でありました、

岡谷　天保銭を鋳造したは官許か将《ま》た私鋳でありますか、

市来　幕府の許可を受けたのである。久光が文久二年に大原卿と江戸に参つて、其の結果で幕府が許した、小栗上野介《おぐりこうずけのすけ》が密に拒んだ様なことでありました、

市来は「史談会速記録」「市来四郎君自叙伝」「市来四郎日記」など多くの発言や著作物を残しているが、年代・月日、内容が各史料で異なり、誤記や勘違いなどを多く含んでいるので取り扱いには要注意である。

右記史料から、偽金に関する内容を摘記すると、

一、幕府から許可された琉球通宝を鋳造した後に、天保通宝の偽金を鋳造した、

一、維新期に二分金を製造した、
一、鋳造材料の銅不足から、領国内の梵鐘・大砲・鍋・釜を没収した、
一、幕府の許可は久光《ひさみつ》が文久二年（一八六二）に大原重徳《おおはらしげのり》卿に随伴した時期に得られた、
同じく右記史料から、適切でない内容を摘記すると、
一、琉球通宝を二、三千両鋳造した。数量的には少なすぎて疑問、
一、薩摩藩は一分金の製造はしていない、
一、天保通宝を幕府の許可かとの問いに官許と答えているが、官許は琉球通宝である、

但し、勘定奉行小栗上野介は幕府が許可するのを拒んだとあるのは、深い意味があり、単純に拒否ではなく正式には小栗の働きが大きかったといえる。

「琉球通宝」鋳造の幕府の許可は得られたのか

前述の通り、市来は文久二年の勅使大原卿江戸下向の際に幕許を得たとしているが、市来は別史料や発言では違うことをいっている。

市来説

①文久二年勅使大原重徳卿下向の時（「史談会速記録」）とすれば、下向の時期は六月となる。

②「文久二年八月に至り」許可（「市来四郎君自叙伝」）

③「文久二年の秋」（「鋳銭法伝来」）

小葉田《こばた》淳《あつし》説（歴史学者で貿易・貨幣史・鉱山史が専門）

④「鋳銭の幕許は、水野の老中就任は文久二年三月初であるが、その頃のこととなろう」

以上のように市来説・小葉田説がある。市来説では六月か八月、小葉田説では三月初ということになる。

小葉田氏の薩摩藩鋳銭研究は、「幕末、薩摩藩の鋳銭について」「薩摩藩の琉球通宝と三井店」の両論文が知られ、「中島家文書」「三井組文書」「三年町史料（「玉里島津《たまざと》家史料」の抜粋）」を駆使した精緻な論文である。小葉田氏が三月初と推察した経緯を論文から引用する。

天下之政事之枢機を被握候御方之御宅え私夜話ニ罷出」、今般琉球通宝の件を内願し、首尾よく相済みたる旨内々知らせがあり、主人方（薩藩）の重役へもその事を連絡し、内命通水野《みずの》忠精《ただきよ》へ届書差し上げ、昨日聞届けられた。

実力者水野忠精とは、水野忠邦《ただくに》の子で、文久二年三月十五日に若年寄《わかどしより》より老中に就任した人物であり、この月日を小葉田氏は根拠にしたものであろう。

琉球通宝の幕許を得たのは形式的には薩摩藩であるが、実質的に幕閣から内諾を獲得したのは安田轍蔵《やすだてつぞう》という人物であった。この安田轍蔵とは、桑皮《そうひ》を原料とした織布（木棉《きわた》と称した。木綿ではない）の技術を発明し、幕府から文久元年十一月二十日に生産許可を得、全国での桑皮や桑皮で織った木棉製品購入の決済手段として「琉球通宝」の幕許を得られる筋道を立てた人物である。「琉球通宝」鋳造を望んだ薩摩藩との連携に成功し、正式には薩摩藩が幕府からの鋳造許可を得るのであるが、実質は安田の人脈による功績であった。安田の幕閣人脈として、木棉製造の幕府許可を受けた際には安藤対馬守信睦《あんどうつしまのかみのぶゆき》（改め信行、また信正《のぶまさ》）・久世大和守広周《くぜやまとのかみひろちか》の両老中、琉球通宝内諾は老中水野忠精に加え勘定奉行小栗忠順《ただまさ》（上野介《こうずけのすけ》）との親密な関係があったことが考えられる。

『維新史料綱要』によると、

○四月十六日、鹿児島藩主茂久《もちひさ》（後の忠義）、生父島津久光、側役《そばやく》小松帯刀《こまつたてわき》・小納戸《こなんど》中山《なかやま》

尚之助《なおのすけ》・同大久保一蔵《おおくぼいちぞう》（利通）を従え、伏見を発して京に入り、権大納言近衛忠房《ごんだいなごんこのえただふさ》に謁し、国事建言の心事を陳じ、趣意書を呈す、

日暮、勅旨《ちょくし》を久光に下し、滞京して浪士鎮撫《ちんぶ》の任に膺《あた》らしむ、

○五月六日、朝議、鹿児島藩主茂久生父島津久光の建言に依り、別に勅使を江戸に差遣するに決す。

○五月八日、正三位大原重徳に江戸下向を命ず、

○五月十一日、左衛門督大原重徳、東下の命を奉承す、乃《すなわ》ち、是月十六日を以て上程せしめんとす、疾あり、俄に其期を緩くす、

○五月二十二日、勅使大原重徳京を発す。鹿児島藩主茂久生父島津久光、兵を率いて之に従う、

○六月十日、勅使大原重徳、江戸城に臨み、勅旨を大将軍徳川家茂《とくがわいえもち》に伝う、

○六月十四日、鹿児島藩主茂久生父島津久光、老中脇坂安宅《わきさかやすおり》を其《その》邸に訪ひ、勅旨奉承を説く、

◎六月十六日、鹿児島藩主茂久、琉球通宝新鋳の許可を請《こ》う。幕府、之を允《ゆる》し、其通用を島内に限らしむ、

※ここはすべて『維新史料綱要』からの引用を述べている。

以上のことにより、薩摩藩が幕府に琉球通宝鋳造の許可を申請し、老中及び側衆の決裁が八月十二日なされた。

島津久光が大原重徳卿を奉じて勅旨の実行を幕府に促した「文久の幕政改革」は、結果として徳川慶喜を将軍後見職・松平慶永《まつだいらよしなが》を政事総裁職に任命させた。その時、江戸へ兵卒を率いて圧力をかける薩摩藩と、朝廷や薩摩藩の干渉を排除できない幕府との対峙の状況下で、新鋳銭鋳造の許可を願い出たのは有利な展開を見込んでのはかりごととれる。兵卒を率いて江戸に下ったのは島津久光であったが、史料では幕許は島津久光宛ではなく、藩主茂久（忠義）となっている。それは久光が藩主ではなく、官位もないことによるものであろう。

しかしながら、鋳造許可を史料の六月十六日と決定付けるには問題が残されている。

六月十六日というのは、琉球通宝新鋳の許可を申請した月日なのか、幕府が通用を許した月日なのか、いずれであるかは明確になったとはいえ、いずれであるかを明確にできないという課題が残された。ただ、六月十六日は重要な意味を持つことは指摘できるが、それ以上を語ることはできない史料内容である。

編纂物である『維新史料綱領』に記載された内容を確認するには、その典拠を確認することが肝要である。幸いに典拠が「諸事留《しょじとめ》」と示されている。それを手掛かりに史料の所在を内閣文庫と推定し、探したところ、内閣文庫に所在が確認された。「諸事留」は内閣文庫に収蔵され、十五冊本（大冊）の十一冊目、文久二年の記録「覚」が、薩摩藩鋳銭に該当する箇所であった。「覚」は複数の文書から構成されている。

一つ目には、申請書が提出された経緯が示されている。

二つ目には、申請書の写しではなく、申請書の内容を受け取った役所が上級部署に提出するためにまとめ替えたものが続いている。差出は松平修理大夫《まつだいらしゅりのだいぶ》（島津忠義）家臣西筑右衛門《にしちくうえもん》とあり、日付は六月十六日付で、申請の新銭の絵形も別紙添付されている。

三つ目には、薩摩藩家臣西筑右衛門名で申請があった新銭鋳造に対して、勘定奉行・吟味役・勘定方による検討がなされた結果である「評議」が収載されている。

四つ目には、勘定奉行方で協議した意見書「評議」の結果が、八月九日に美濃守殿より和泉守殿へ渡され、側衆《そばしゅう》の談合によって十二日に決裁され、翌十三日には薩摩藩家臣が呼び出され、許可が言い渡された。

以上のような経緯となっている。残念ながら結果を告げたものが文書か口達かの確認はできない。口達であった可能性が充分考えられるが、確定する内容は記されていない。

上記により、六月十六日は薩摩藩から幕府への許可申請がなされた日であり、幕府が許可した月日は勘定奉行の判断の結果が老中水野忠精に渡った八月九日、老中及び側衆の決裁が十二日になされたことから、幕府許可の月日は八月十二日とすることができる。

なお、申請鋳銭の図柄では、表文字は琉球通宝・裏文字は當百《とう》、穴は方孔、重さは五匁《もんめ》五分《ぶ》となっている。

前述したように、「史談会速記録」は六月を意味し、「鋳銭法伝習」は秋、「市来四郎君自叙伝」は「文二年八月に至り」とあり、六月は薩摩藩からの申請月、八月は幕府からの許可月であることが史料的に裏付けられた。

幕府の許可は誰の功績か

安田轍蔵はなぜ「琉球通宝」を申請したか。幕府から許可を得た木棉製造事業では多額の金銭を全国で取り扱うことになる。幕府領以外の諸藩では銀札《ぎんさつ》という紙札で決済がなされているが、銀札は藩という領域に限定した通用であるから他藩での流通はできず、藩外では全く無用の紙となる。木棉製造は全国規模での流通であるから、天下に通用するためには銀札は適していないとして、幕府の勧める銀札を拒み、全国通用の通貨の必要性を強調したのである。

さらには、材料購入の木皮買集方、木棉製造費用払いや製品販売を決済するには正金払いの他端銭《はしぜに》として琉球通宝を用いる許可を求め、琉球通宝を正貨としての通用ではなく、「端銭」とすることで幕府側役人の正貨慎重論を避けようとした。このような目論見を持って琉球通宝を特別な取り扱いではないかのような言いまわしで懇請したものであったが、明確に琉球通宝を全国通貨として打ち出している。

勘定方では安田轍蔵申請の「琉球通宝」に対しては断固反対であったが、幕閣に人脈を通じる安田の主張を勘定方は拒否することができなかった。許可となった経緯を次の史料は示している。

元来公儀においては琉球通宝天下通用致させ候儀は、甚だ相好まず候儀に御座候得共、右通宝通用相成申すべく候様御免許これあるべき筋は、至極密に公儀其筋御役方え示談仕置候話の道筋、巨細左に申し上げ奉り候、

そして、安田が目的を達成する背景となった人脈には幕閣水野忠精・安藤信睦（信行）・久世広周、勘定奉行小栗忠順など驚くべき人物の存在があったことから勘定方役人も拒否す

ることができなかった。

安田の木棉製作関係で必要とされる「琉球通宝」は、薩摩藩とどのような繋がりがあるのか。安田は自ら薩摩藩士であることを示しながら、なぜ端銭を琉球通宝とするのかについては、

別《わ》けて琉球国は古来、私主人領分に御座候間、相違なくも日本随国の儀に御座候故、何卒諸国にて前文の通り相対通用御免仰せ付けられ候得ば、有難く存じ奉り候、

と、琉球国は薩摩藩領有地域であり、幕府に従属する国であることを主張し、幕府の許可を得やすいように申し添えることを忘れないでいた。さらに、安田は同文書で「琉球通宝の精算が必要なときは、いつでも全国の製造会所や両替屋で差し障りなく交換できるようにし、迷惑を掛けるようなことはしない、諸国では銀札が溢《あふ》れ正貨不足から交換できない時節ではあるが、琉球通宝については大丈夫であることを申し上げ、特別な取り計らいをもって木棉同様に日本国中に通用する惣御触《そうおふれ》の決裁をお願いしたい」と述べている。この懇請を幕府は受け入れたのである。

安田の主張するように、木棉製造と琉球通宝は一体となった時に機能するものであるという本音を述べた部分を引用する。

苦神困労仕り、右通宝（琉球通宝）首尾能《よ》く御届済み致させ候には第一専要仕り候処は、右通宝天下差支りなく通用相成候儀に御座候、是私鋳銭起立の元来宿意に御座候、

と、琉球通宝の全国通用が最も専要であり、これこそが鋳銭起立の元来の「宿意」であったと安田がいっている。このことは、薩摩藩が琉球通宝を幕府に請願したことになっているが、その実、裏で工作したのは安田轍蔵であることの証左である。このことは特に重要であり、薩摩藩が琉球通宝鋳造の権益を受ける権利を有することを確定できる史料といえる。

実際には幕府側役人が安田の主張を納得したから許可したというものではなかった。あくまで通貨に対する幕府側の考えは厳しく、幕府権威の財政権の侵害にあたるとの考えから安易に許可できるものではないとの判断があった。しかしながら、目的を達成した背景には、安田の特別な人脈への働きかけがあり、担当の幕府役人も抗しきれなかったことは前述の通りである。

幕府鋳造許可高と推定鋳造高

幕府が許可した琉球通宝の鋳造高は、「三ケ年に百万両」とするというものであるが、幕

府方史料にはなく、藩史料に散見するのみである。鋳造高を記した回顧録・記録・文書などを挙げてみる。

①「三ケ年三百万両」（市来の発言「史談会速記録」）
②「二百九十万両」（市来の記録「市来四郎君自叙伝」）
③「三ケ年で四百五十万両」（中島清左衛門書状）
④「四五百万両」（安田轍蔵が藩に提出した建白書）

①に示したのは大前提の幕府許可の三ケ年百万両であるが、この年数・鋳造許可高もあくまで幕府方史料にはない。①が幕府が許可したという鋳造高であるのに対し、②〜④は藩関係史料でいずれも回顧録から鋳造高を推定したものである。具体的に、②は市来四郎の回顧録であり、鋳造責任者総裁であったとはいえ、明治二十六年（一八九三）に述懐したものである。③は安田と共同経営者的な立場で薩摩にやってきた中島清左衛門ではあったが、安田の排斥に伴い中島の身分保障もなくなり、鋳造全体には携われる立場ではなかったために鋳造高を知り得る立場にはなかった。④は屋久島に配流された安田轍蔵から藩への経済政策提言のなかでの推定鋳造高であった。このように、いずれも鋳造高を示す第一級の史料ではないといえる。しかしながら、偽金造りを記した史料の限界であるのかもしれない。それでも

鋳造高がほぼ同額であれば問題はないと考えるのであるが、これほどの差異が生じているのは問題である。

そこで、期間を限定すれば日々の鋳造高が知れる正確な史料を基礎に数量の推定をおこなうことにしたい。上記に示した鋳造高は、琉球通宝の鋳造高だけでなく、琉球通宝鋳造に名を借りた偽天保通宝を含んだものと考えるほうが適切であることを指摘しておきたい。

「市来四郎日記」には、日々の鋳造高が記録されている。これを利用して、ある程度の推定をする。

鋳銭所の開業日の文久二年十二月二十二日から翌年正月十九日までの鋳造高を、久光が市来に直接下問したときに次のように答えている。

御直々御尋候趣は当分之仕掛ニて一日ニ何程之出来高ニ及候哉被仰候間、唯今ニては鋳物師共も詰まり、通常よりは少人数ニて日々拾人弐拾人計《ばかり》も相置候、惣人数相究候は一日ニ四千両は出来可仕之、手当仕置当分ニては一日漸五百両位之出来ニ御座候段、奉申上候故、一日ニ四千両も出来いたし候は、別て仕合之至との仰ニ候、

と、一日の鋳造高について、鋳物師などの職工の体制が整えば四千両の鋳造が可能であるとし、久光から日々四千両の鋳造ができるならば有難いとの言葉を頂戴した。鋳造高に関心

【表1】開業以来翌年四月までの鋳造高

期間	鋳造枚数	銭高	金高	日数	一日平均額	換算
開業～十二月二十七日	六万一二四八枚	七五五両余	不詳	不詳		
開業～十二月二十八日	八万六九五四枚	八六九五貫	不詳	不詳	両九	
開業～三年正月十三日	五五万六七二四枚 五〇〇文	六万九五九〇貫 一分二四八文	七七三二両	二五日		
開業～三年正月二十九日	七七万一七六枚	九万七三九七貫	一万八五二両	不詳	不詳	貫文 両九貫文
開業～三年四月四日	三、四四万七四六〇枚	四〇万九三二貫余	五万三八六六両余	七八日	六九〇両余	両九貫文
開業～三年四月十日	三、八二万三四二五枚	四七万七九二八貫余	五万九七四一両余	八四日	七二五両余	両九貫文
開業～三年四月十七日	四二六万九六三六枚	五三万三七〇四貫余	六万六七一三両	九二日	七二五両余	両八貫文
開業～三年四月二十九日	五〇三万三〇八枚	六二万八七八八両余	七万八五八八両余	一〇一日	七七八両余	両八貫文

がいくのは当然であるが、職工などへの手当として一日に五百両程度が必要であるなど、製造費用負担が予想以上に高かった。さらには、鋳造したが仕上げまでには至らない欠損率も高く、一割五分の高率であった。鋳造高の増加とともに有効比率を上げることを課題と認識していたようであり、有効比の向上は経験によって改善されるとの思いもあった。

開業後から翌年四月頃までの鋳造高推移

表1に示すように、開業以来、人員や設備の増強によって一日平均鋳造高金換算で、文久三年正月までは三百両余、同年四月四日では六百九十両余、四月十日には七百二十五両余に増えている。さらに、同年五月十九日から二十七日までの八日間の一日平均は、千五百六十両余と漸次増加している。同期間には千六百両以上が二日もみられる。確実に鋳造高の増加が図られているといえる。

薩英戦争後の鋳造高

薩英戦争は文久三年（一八六三）七月二日より三日にかけて起こり、城下前之浜《まえのはま》に設置された台場と英艦隊との砲撃戦となった。市来は城下上町《かんまち》や鶴丸城《つるまるじょう》防火を指揮したが、砲弾や散弾が近くの石塁や身辺に撃ち込まれ、やっと弾斃《だんぺい》の難を免れたが、鋳銭所は灰燼《かいじん》となったと回顧している。戦争後、鋳銭事業再開が命ぜられ、西田町《にしだまち》城西の島津主殿《しまづとのも》（久敬《ひさたか》。永吉《ながよし》郷《ごう》の領主）の屋敷を仮局として再開され、日夜督励して従事した。

戦争では集成館や鋳銭所などは悉《ことごと》く焼失し、莫大な戦後復興の費用を必要としたが、いささかの滞りもなく済み、戦火に罹災した城下上町の住民も鋳造銭によって充分な手当や補償がなされた結果、感謝されたとも綴っている。

表2は、文久三年十二月の一か月分（一日から五日まで、二十九日分欠）の鋳造高がみえる貴重な史料である。休息日は金山祭の一日だけであることから、十九日間の平均三千八十九両二分に月フル稼働の十九日を掛けると、一か月の推定最大鋳造高は五万八千六百九十一両とみることができる。

また、琉球通宝半朱銭と大銭との鋳造枚数比較では大銭が若干上回っているが、通貨単価が倍の半朱銭が金額では倍となる。主役が半朱銭に移っているといえそうである。

【表2】薩英戦争後の鋳造高

	大銭（枚）	金高（両）	半朱（枚）	金高（両）	合計（両）
六日	四万五二五七	六二八両二分一朱余	四万四八五六	一四〇一両三分余	二〇三〇両一分一朱余
七日	六万一四二	八五二両三分二朱余	六万一七二七	一九二八両三分三朱余	二七八一両三分一朱余
八日	六万六五七四	九二四両二分二朱余	六万二六八五	一九五八両三分二朱余	二八八三両二分余
一一日	四万七七〇一	六六二両二分余	五万三三五	一五七二両二朱余	二二三四両二分二朱余
一二日	五万八二〇三	八〇八両一分一朱	五万九二〇七	一八五〇両三朱余	二六五八両二分一朱余
一四日	六万二四八九	八六七両三分二朱余	六万五三七	一八九二両三分余	二七五九両二分二朱余
一五日	四万九九三〇	六九三両一分三朱余	五万四二二五	一六九四両二分余	二三八七両三分三朱余
一七日	七万一六八三	九九五両二分一朱余	六万一九一九	一九三四両三分三朱余	二九三〇両二分余
一八日	七万二四四八	一〇〇六両三朱余	七万二一五五	二二五四両三分一朱余	三二六一両余
一九日	七万七三九〇	一〇七四両三分一朱余	六万六九五八	二〇九二両一分三朱余	三一六七両余

二〇日	八万一六九六	一一三四両二分二朱余	七万四三四〇	二三二三両二朱	三四五七両三分
二一日	八万四六三三	一一七五両一分三朱余	七万五八四二	二三七〇両一朱余	三五四五両二朱余
二二日	九万三〇〇	一二五四両二朱余	七万六三七七	二三八六両三分余	三六四〇両三分二朱余
二三日	九万三〇〇	一二五四両二朱余	七万六三七七	二三八六両三分余	三六四〇両三分二朱余
二四日	九万五九〇八	一三三二両余	七万七二八三	二四一五両一朱余	三七四七両一朱余
二五日	九万六三七二	一三三八両二分	七万七九四二	二四三五両二分三朱	三七七四両三朱余
二六日	七万八六五七	一〇九二両一分三朱余	七万三五二四	二二九七両二分二朱	三三九〇両一朱余
二七日	九万四五六三	一三一三両一分二朱	七万三四七二	二二九六両	三六〇九両一分二朱
二八日	六万七六一四	九三九両一朱余	五万九四九六	一八五九両一分	二七九八両一分一朱余
合計（一九日間）	一三九万三二二九	一万九三四八両	一二五万九三五〇両	三万九三五〇両	五万八六九九両余（両までを表示）

※九日・十日は白炭払底、十六日は金山祭のため鋳銭を休止している（『玉里島津家史料二』八二一）

廃藩置県の背景

明治四年（一八七一）、中央集権化のために、明治政府は廃藩置県を実施した。それまで三百弱あった藩を廃止し、代わりに国直轄の府（天領や旗本領）・県（藩）を置く行政改革である。琉球処分の一環として、明治十二年に琉球藩は廃止され、沖縄県が設置された。

なぜ、このような行政改革をおこなう必要があったのか、廃藩置県に至る経緯について説明したい。

慶応三年（一八六八）十二月、王政復古の大号令が発令された。これにより、江戸幕府から朝廷に政権が移ったが、当時の明治政府に財源はなく、各藩の支配も藩主によってなされていたため、全く統治能力がなかった。

この課題を克服するために、明治二年（一八六九）六月、二百七十四の大名から版籍奉還《はんせきほうかん》として版（土地）と籍（人民）を政府に返還させた。しかし、藩主の権利を剥奪することは難しく、旧藩主を知藩事に任命する政策をとった。

なお、江戸時代には公式に「藩」という呼称はない。例えば、領地判物は「島津家所領」

とされていた。「藩」の呼称は、明治二年（一八六九）の版籍奉還から明治四年の廃藩置県までの二年間だけである。

廃藩置県は旧藩主を知藩事に任命する妥協的な政策だったとはいえ、江戸幕府の体制を解体する貴重な一歩となった。なぜなら、知藩事の収入は藩収入の一割に制限され、その収入は政府が握っていたからだ。後に、知藩事の収入は秩禄処分《ちつろくしょぶん》によって削減・廃止された。

また、知藩事は東京居住とされ、旧藩主と在地との関係を断つことで、中央集権国家の基礎が築かれたことも大きい。

明治政府にとって、今後の課題は旧藩の財源を政府の財源とすること、府・県に政府が知事を派遣することだった。そして、これらを完遂した後、中央集権的国家を実現することである。しかしながら、廃藩置県の実現には多大の反対が予想された。

廃藩置県断行に対する久光の本懐

明治政府は、薩摩藩、長州藩、土佐藩の三藩から新政府直属の親兵を差し出させ、軍勢一万人の軍隊が構成された。これにより、廃藩置県反対・反乱鎮圧を目論んだのである。

廃藩置県の発議は山県有朋《やまがたありとも》・井上馨《いのうえかおる》らであり、七月九日木戸孝允《きどたかよし》宅で西郷・大久保利通・木戸の会議（山県・井上、西郷従道《さいごうじゅうどう》・大山巌《おおやまいわお》列席）により内決され、明治四年（一八七一）七月十四日十時には、鹿児島・山口・佐賀・高知知藩事（板垣退介が代理）を召し、十四時には東京在住の知藩事を皇居に集めて廃藩置県が命ぜられた。

当初は三府三百二県、十一月には三府七十二県に統合、その後に幾度の変遷を経た。

廃藩置県の政策に不満を抱いた人物に島津久光がいる。政府は久光対策として、九月十日これまでの功績により別家分立を認め、忠義の賞典禄十万石の半分を下賜する勅書を与え、十四日には従三位から従二位に叙したが、久光は辞退した。翌年正月十日に忠義が代理で拝受した。十三日に岩倉具視《ともみ》は久光に「御変革殊に廃藩の令は五年十年の歳月をかけてなすべきであったが、機運に恵まれ意外の運びとなって」のことであり、その基礎となった「封土返上の基を開いた」と久光の功績を讃えている。

久光の本当の心境はどのようであっただろうか。市来四郎は「発令の報鹿児島に達せし夜陰は、公子侍臣に命じ、邸中に花火を揚げしめ、憤気を漏され」と、西郷・大久保の専断で自分（久光）には相談もなく、不満に堪《こら》えられずに花火を打ち上げたという。西郷書翰に「久光公癇癪追々相起り」とあることに符合している。

廃藩置県の成功によって、近代国家の誕生となった。

おわりに

薩摩の地は中央から遠く離れた、僻遠の地といわれ、日本史のなかの薩摩は貧しく・古い体制を維持してきたように語られてきた。しかし、実際はどうであろうか。

近世薩摩藩から考察すると、薩摩の地は「地果て、海始まる」地域であり、海洋に開けた地域である。これまで近世社会は石高制《こくだかせい》で考えられてきたが、外交貿易・交流的視点を座標軸に加えることで、薩摩の歴史や日本の歴史は大いに変わるのではないだろうか。

薩摩地方は三方を海に囲まれ、中国・琉球国を間近にひかえ、朝鮮とも境界のない海で繋がっている。日本の縮図ともえる近世薩摩藩から東アジア海域交流がみえてくるのである。

幕府の鎖国政策のなかで、朝鮮口（宗氏）・琉球口（島津氏）・松前口（蠣崎氏《かきざき》）が、長崎港に準ずる開港地に設定された。なかでも特筆すべきは、薩摩藩が琉球を支配し、琉球は琉球国として宗主国中国に朝貢する侯国であったことから、薩摩藩は間接的に中国を中心とする東アジア世界に繋がっていたことだ。一方、対馬藩は朝鮮国に統制された外交貿易・交流であり、琉球国を支配した薩摩藩とは全く貿易構造が違っていた。

幕府の鎖国的政策が薩摩藩に琉球口貿易を許可した結果、「幕府の鎖国は、薩摩藩の開国」となった。幕藩体制下にありながら、中国への朝貢貿易に直結する特異な地域となったのである。鎖国の用語は、正確には幕府の閉鎖的な外交政策を指すのであって、すべてを拒否する鎖国であったというわけではない。特に、漂流民・漂流船の返還ルールと返還ルートの存在は、東アジア世界に確立していた。

薩摩藩は、琉球支配によって中国への朝貢貿易に積極的に関与することができた。朝貢貿易品の「昆布」調達では幕府の長崎公貿易との競合を深めた。また、中国からの長崎輸入品は琉球朝貢貿易の下賜品流通が国内市場で中国商人と競合した。幕府による長崎貿易と島津氏による琉球口貿易では輸出・輸入品で競合するが、幕府にとって四つの口（貿易開港場）は必要との判断により認可したものと思われる。幕府は琉球口貿易を認可した。それにより、藩は琉球口貿易を貴重な財源確保の手段として利用し、幕府は藩の行為が幕府の体制に逸脱するある場合は統制を加えるのであった。薩摩藩の密貿易とか薩摩藩を悪い存在として幕府編纂の貿易史料群である『通航一覧』『通航一覧続輯』などでは表現している。薩摩藩の貿易活動を「密」とか「悪」とか表現するのは、幕府側の主張であって、薩摩藩にとっては実に重要な藩営貿易といえるのである。

現在の政治が中央集権から地方分権への移行転換期であるように、歴史・文化論もまた、中央統一視点の呪縛から解放され、地域独自の歴史・文化価値を持つことを確認し、認識する時期に入っている。これまでの研究は体制史的研究が主体であったが、実態を詳細に究明する姿勢を堅持する地域史の切り口こそが研究の醍醐味であり、ミクロ的地域学からマクロ的歴史地域学の視点が新たな歴史を構築すると思われる。東アジア世界と多様な結び付きを持つ薩摩藩の一つ一つの事例を追求することで、薩摩藩に存在した通事制度、漂流民・船送還体制などは新たな視点といえる。薩摩藩の外交史は諸藩にはない独自性がある。

これまで密貿易と呼ばれた薩摩藩の藩貿易は、琉球口貿易は幕府公認の貿易であり、その実態解明を通して幕府政策の範疇にあるとはいえ、東アジア世界のなかで展開され、「海を持つ鹿児島の豊かさ」が特異な歴史を持つ海域であることが認識できる。膨大な史料を確認することで、常に海外に開かれた薩摩の姿が見えてくるのである。

二〇二四年九月

徳永和喜

主な参考文献

◇第一章〜六章

・朝河貫一「島津忠久の生ひ立ち―低等批評の一例―」(『史苑』一二―四。一九三九年)・井原今朝男「荘園制支配と惣地頭の役割―島津荘と惟宗忠久―」(『歴史学研究』四四九、一九七七年)

・紙屋敦之『幕藩制国家の琉球支配』(校倉書房、一九九〇年)

・栗林文夫「島津氏の誕生と薩摩支配の足固め」(新名一仁編著『図説中世島津氏―九州を席捲した名族のクロニクル』戎光祥出版、二〇二三年)

・野口実「惟宗忠久をめぐって―成立期島津氏の性格―」(同著『増補改訂中世東国武士団の研究』(戎光祥出版、二〇二一年)

・野口実『列島を翔ける平安武士九州・京都・東国』(吉川弘文館、二〇一七年)

・新名一仁『日向国山東河南の攻防―室町時代の伊東氏と島津氏』(鉱脈社、二〇一四年)

・新名一仁『室町期島津氏領国の政治構造』(戎光祥出版、二〇一五年)

・新名一仁『島津貴久―戦国大名島津氏の誕生』(戎光祥出版、二〇一七年)

・新名一仁『島津四兄弟の九州統一戦』（星海社新書、二〇一七年）
・新名一仁「戦国期の九州南部」大庭康時・佐伯弘次・坪根伸也編（『九州の中世Ⅲ戦国の城と館』高志書院、二〇二〇年）
・新名一仁『「不屈の両殿」島津義久・義弘』（角川新書、二〇二一年）
・新名一仁「島津貞久・氏久―三ヶ国守護を保持する南九州の重鎮」（亀田俊和・杉山一弥編『南北朝武将列伝北朝編』戎光祥出版、二〇二一年）
・新名一仁「九州南部の南北朝内乱―内乱の勃発から観応の擾乱終結まで―」（『黎明館開館40周年記念企画特別展南北朝の動乱と南九州の武士たち』鹿児島県歴史・美術センター黎明館、二〇二三年）
・新名一仁編『図説中世島津氏―九州を席巻した名族クロニクル』（戎光祥出版、二〇二三年）
・畑山周平「木崎原の戦いに関する基礎的研究―日向伊東氏の〈大敗〉を考えていくために」（黒嶋敏編『戦国合戦〈大敗〉の歴史学』山川出版社、二〇一九年）
・保立道久「源義経・源頼朝と島津忠久」（『黎明館調査研究報告』二〇、二〇〇七年）
・堀川康史「今川了俊の探題解任と九州情勢」（『史学雑誌』一二五―一二、二〇一六年）
・堀川康史「今川了俊の京都召還」（『古文書研究』八七、二〇一九年）

・三村講介「『犬童重国軍忠状案』の近世期写にみる四州境界地域の政治構造」（稲葉継陽・小川弘和編著『中世相良氏の展開と地域社会』戎光祥出版、二〇二〇年）
・宮地輝和「永禄期足利義輝による伊東氏・島津氏間の和平調停」（『九州史学』一九〇、二〇二二年）
・水野嶺・畑山周平「史料紹介愛媛県龍澤寺所蔵『薩州本山福昌寺年来記抜書』上」（『尚古集成館紀要』二二、二〇二三年

◇第七章～十一章

・岡本良知『十六世紀日欧交通史の研究』（ユーラシア叢書三、原書店、一九七七年）
・岩生成一『新版朱印船貿易史の研究』（吉川弘文館、一九八五年）
・村上直次郎訳注『増訂異国日記抄附録』（雄松堂出版、一九六六年）
・小葉田淳「幕末、薩摩藩の鋳銭について」（『赤松俊秀教授退官記念国史論集』、一九七二年）
・小葉田淳「薩摩藩の琉球通宝と三井店」（『日本経済史の研究』、思文閣出版、一九七八年）
・鹿児島県『鹿児島県史』第三巻（鹿児島県、復刻一九六七年）
・鹿児島市『鹿児島市史』第一巻（鹿児島市、一九六九年）

・徳永和喜『薩摩藩対外交渉史の研究』（九州大学出版会、二〇〇五年）
・徳永和喜『海洋国家薩摩』（南方新社、二〇一一年）
・徳永和喜『西郷隆盛』（日本史リブレット071、山川出版社、二〇二一年）
・徳永和喜「島津氏の南島通交貿易史」（『隼人世界の島々』小学館、一九九〇年）

新名一仁［にいな・かずひと］

1971年、宮崎県生まれ。鹿児島大学法文学部人文学科卒業。広島大学博士課程後期単位取得退学。博士(文学・東北大学)。みやざき歴史文化館、宮崎市きよたけ歴史館学芸員などを経て、現在は宮崎市史編さん室専門員、南九州大学非常勤講師。専門は、南北朝期から戦国期の島津氏研究。著書に『日向国山東河南の攻防』(鉱脈社)、『室町期島津氏領国の政治構造』『島津貴久』(以上、戎光祥出版)、『島津四兄弟の九州統一戦』(星海社新書)、『「不屈の両殿」島津義久・義弘』(角川新書)などがある。

徳永和喜［とくなが・かずのぶ］

1951年、鹿児島県に生まれる。九州大学人文科学部後期博士課程(日本史学専攻)修了。博士(文学)。鹿児島県立高校教員を経て、現在は、鹿児島市立西郷南洲顕彰館館長。鹿児島史談会会長を兼ねている。著書には、『薩摩藩対外交渉史の研究』(九州大学出版、第32回南日本出版文化賞受賞)、『天璋院篤姫』『偽金づくりと明治維新』(以上、新人物往来社)、『種子島の史跡』(和田書店)、編著書に『海洋国家薩摩—薩摩に鎖国はなかった—』(黎明館、特別展図録)がある。

島津氏

鎌倉時代から続く名門のしたたかな戦略

PHP新書 1411

二〇二四年十月四日　第一版第一刷

著者――新名一仁／徳永和喜
発行者――永田貴之
発行所――株式会社ＰＨＰ研究所
東京本部――〒135-8137 江東区豊洲5-6-52
ビジネス・教養出版部 ☎03-3520-9615(編集)
普及部 ☎03-3520-9630(販売)
京都本部――〒601-8411 京都市南区西九条北ノ内町11
組版――有限会社メディアネット
装幀者――芦澤泰偉＋明石すみれ
印刷所――大日本印刷株式会社
製本所――東京美術紙工協業組合

ISBN978-4-569-85782-4

PHP新書
PHP INTERFACE
https://www.php.co.jp/

ＰＨＰ新書刊行にあたって

「繁栄を通じて平和と幸福を」（PEACE and HAPPINESS through PROSPERITY）の願いのもと、ＰＨＰ研究所が創設されて今年で五十周年を迎えます。その歩みは、日本人が先の戦争を乗り越え、並々ならぬ努力を続けて、今日の繁栄を築き上げてきた軌跡に重なります。

しかし、平和で豊かな生活を手にした現在、多くの日本人は、自分が何のために生きているのか、どのように生きていきたいのかを、見失いつつあるように思われます。そして、その間にも、日本国内や世界のみならず地球規模での大きな変化が日々生起し、解決すべき問題となって私たちのもとに押し寄せてきます。

このような時代に人生の確かな価値を見出し、生きる喜びに満ちあふれた社会を実現するために、いま何が求められているのでしょうか。それは、先達が培ってきた知恵を紡ぎ直すこと、その上で自分たち一人一人がおかれた現実と進むべき未来について丹念に考えていくこと以外にはありません。

その営みは、単なる知識に終わらない深い思索へ、そしてよく生きるための哲学への旅でもあります。弊所が創設五十周年を迎えましたのを機に、ＰＨＰ新書を創刊し、この新たな旅を読者と共に歩んでいきたいと思っています。多くの読者の共感と支援を心よりお願いいたします。

一九九六年十月

ＰＨＰ研究所

PHP新書

[**歴史**]

061 なぜ国家は衰亡するのか　中西輝政
286 歴史学ってなんだ?　小田中直樹
755 日本人はなぜ日本のことを知らないのか　竹田恒泰
1012 古代史の謎は「鉄」で解ける　長野正孝
1064 真田信之 父の知略に勝《まさ》った決断力　平山 優
1085 新渡戸稲造はなぜ『武士道』を書いたのか　草原克豪
1086 日本にしかない「商いの心」の謎を解く　呉 善花
1104 一九四五　占守島の真実　相原秀起
1108 コミンテルンの謀略と日本の敗戦　江崎道朗
1115 古代の技術を知れば、『日本書紀』の謎が解ける　長野正孝
1116 国際法で読み解く戦後史の真実　倉山 満
1118 歴史の勉強法　山本博文
1121 明治維新で変わらなかった日本の核心　猪瀬直樹／磯田道史
1123 天皇は本当にただの象徴に堕ちたのか　竹田恒泰
1129 物流は世界史をどう変えたのか　玉木俊明
1130 なぜ日本だけが中国の呪縛から逃れられたのか　石 平
1138 吉原はスゴイ　堀口茉純
1141 福沢諭吉　しなやかな日本精神　小浜逸郎
1142 卑弥呼以前の倭国五〇〇年　大平 裕
1152 日本占領と「敗戦革命」の危機　江崎道朗
1160 明治天皇の世界史　倉山 満
1167 吉田松陰『孫子評註』を読む　森田吉彦
1168 特攻　知られざる内幕　戸髙一成［編］
1176 「縄文」の新常識を知れば 日本の謎が解ける　関 裕二
1177 「親日派」朝鮮人　消された歴史　拳骨拓史
1178 歌舞伎はスゴイ　堀口茉純
1181 日本の民主主義はなぜ世界一長く続いているのか　竹田恒泰
1185 戦略で読み解く日本合戦史　海上知明
1192 中国をつくった12人の悪党たち　石 平
1194 太平洋戦争の新常識　歴史街道編集部［編］
1197 朝鮮戦争と日本・台湾「侵略」工作　江崎道朗
1199 関ヶ原合戦は「作り話」だったのか　渡邊大門
1206 ウェストファリア体制　倉山 満
1207 本当の武士道とは何か　菅野覚明
1209 満洲事変　宮田昌明
1210 日本の心をつくった12人　石 平

1213 岩崎小彌太 武田晴人
1217 縄文文明と中国文明 関 裕二
1218 戦国時代を読み解く新視点 歴史街道編集部［編］
1228 太平洋戦争の名将たち 歴史街道編集部［編］
1243 源氏将軍断絶 坂井孝一
1255 海洋の古代日本史 関 裕二
1266 特攻隊員と大刀洗飛行場 安部龍太郎
1267 日本陸海軍、失敗の研究 歴史街道編集部［編］
1269 緒方竹虎と日本のインテリジェンス 江崎道朗
1276 武田三代 平山 優
1279 第二次大戦、諜報戦秘史 岡部 伸
1283 日米開戦の真因と誤算 歴史街道編集部［編］
1296 満洲国と日中戦争の真実 歴史街道編集部［編］
1308 女系で読み解く天皇の古代史 関 裕二
1311 日本人として知っておきたい琉球・沖縄史 原口 泉
1312 服部卓四郎と昭和陸軍 岩井秀一郎
1316 世界史としての「大東亜戦争」 細谷雄一［編著］
1318 地政学と歴史で読み解くロシアの行動原理 亀山陽司
1319 日本とロシアの近現代史 歴史街道編集部［編］
1322 地政学で読み解く日本合戦史 海上知明
1323 徳川家康と9つの危機 河合 敦
1335 昭和史の核心 保阪正康
1340 古代史のテクノロジー 長野正孝
1345 教養としての「戦国時代」 小和田哲男
1347 徳川家・松平家の51人 堀口茉純
1350 三大中国病 石 平
1351 歴史を知る読書 山内昌之
1355 謙信×信長 乃至政彦
1357 日本、中国、朝鮮 古代史の謎を解く 関 裕二
1358 今村均 岩井秀一郎
1359 近代日本暗殺史 筒井清忠
1363 人口からみた宗教の世界史 宮田 律
1364 太平洋戦争・提督たちの決断 半藤一利
1366 「食」が動かした人類250万年史 新谷隆史
1370 『源氏物語』のリアル 宮田 律
1372 家康の誤算 磯田道史
1375 悩める平安貴族たち 山口 博
1376 ヒッタイト帝国 津本英利
1377 徳川家康の経済政策――その光と影 岡田 晃
1379 昭和史の明暗 半藤一利
1401 蔦屋《つたや》重三郎と田沼時代の謎 安藤優一郎
1405 消された王権 尾張氏の正体 関 裕二
1406 中国を見破る 楊 海英

［経済・経営］

187 働くひとのためのキャリア・デザイン　金井壽宏
379 なぜトヨタは人を育てるのがうまいのか　若松義人
450 トヨタの上司は現場で何を伝えているのか　若松義人
543 ハイエク 知識社会の自由主義　池田信夫
587 微分・積分を知らずに経営を語るな　内山 力
594 新しい資本主義　原 丈人
752 日本企業にいま大切なこと　野中郁次郎／遠藤 功
852 ドラッカーとオーケストラの組織論　山岸淳子
892 知の最先端　クレイトン・クリステンセンほか［著］／大野和基［インタビュー・編］
901 ホワイト企業　高橋俊介
932 なぜローカル経済から日本は甦るのか　冨山和彦
958 ケインズの逆襲、ハイエクの慧眼　松尾 匡
985 新しいグローバルビジネスの教科書　山田英二
998 超インフラ論　藤井 聡
1023 大変化――経済学が教える二〇二〇年の日本と世界　竹中平蔵
1027 戦後経済史は嘘ばかり　髙橋洋一
1029 ハーバードでいちばん人気の国・日本　佐藤智恵
1033 自由のジレンマを解く　松尾 匡
1080 クラッシャー上司　松崎一葉
1084 セブン-イレブン1号店　繁盛する商い　山本憲司
1088 「年金問題」は嘘ばかり　髙橋洋一
1114 クルマを捨ててこそ地方は甦る　藤井 聡
1136 残念な職場　河合 薫
1162 なんで、その価格で売れちゃうの？　永井孝尚
1166 人生に奇跡を起こす営業のやり方　田口佳史／田村 潤
1172 お金の流れで読む　日本と世界の未来　ジム・ロジャーズ［著］／大野和基［訳］
1174 「消費増税」は嘘ばかり　髙橋洋一
1175 平成の教訓　竹中平蔵
1187 なぜデフレを放置してはいけないか　岩田規久男
1193 労働者の味方をやめた世界の左派政党　吉松 崇
1198 中国金融の実力と日本の戦略　柴田 聡
1203 売ってはいけない　永井孝尚
1204 ミルトン・フリードマンの日本経済論　柿埜真吾
1220 交渉力　橋下 徹
1230 変質する世界　Voice編集部［編］
1235 決算書は3項目だけ読めばいい　大村大次郎
1258 脱GHQ史観の経済学　田中秀臣
1265 決断力　橋下 徹
1273 自由と成長の経済学　柿埜真吾
1282 データエコノミー入門　野口悠紀雄
1295 101のデータで読む日本の未来　宮本弘曉

1299 なぜ、我々はマネジメントの道を歩むのか［新版］ 田坂広志
1329 51のデータが明かす日本経済の構造 宮本弘曉
1337 プーチンの失敗と民主主義国の強さ 原田 泰
1342 逆境リーダーの挑戦 鈴木直道
1348 これからの時代に生き残るための経済学 倉山 満
1353 日銀の責任 野口悠紀雄
1371 人望とは何か？ 眞邊明人
1392 日本の税は不公平 野口悠紀雄
1393 日本はなぜ世界から取り残されたのか サム田渕

［医療・健康］

499 空腹力 石原結實
801 老けたくなければファーストフードを食べるな 山岸昌一
912 薬は5種類まで 秋下雅弘
926 抗がん剤が効く人、効かない人 長尾和宏
947 まさか発達障害だったなんて 星野仁彦／さかもと未明
1007 腸に悪い14の習慣 松生恒夫
1013 東大病院を辞めたから言える「がん」の話 大場 大
1047 人間にとって健康とは何か 斎藤 環
1053 iPS細胞が医療をここまで変える 山中伸弥［監修］／京都大学iPS細胞研究所［著］
1056 なぜ水素で細胞から若返るのか 辻 直樹
1139 日本一の長寿県と世界一の長寿村の腸にいい食事 松生恒夫
1143 本当に怖いキラーストレス 茅野 分
1156 素敵なご臨終 廣橋 猛
1173 スタンフォード大学教授が教える 熟睡の習慣 西野精治
1200 老化って言うな！ 平松 類
1240 名医が実践する「疲れない」健康法 小林弘幸
1244 腰痛難民 池谷敏郎
1285 健康の9割は腸内環境で決まる 松生恒夫
1314 医療貧国ニッポン 奥 真也
1338 もしかして認知症？ 浦上克哉
1339 5キロ痩せたら100万円 荻原博子
1341 60歳うつ 秋田 巌
1344 65歳からは、空腹が最高の薬です 石原結實
1346 定年後の壁 江上 剛
1360 頭がいい人、悪い人の健康法 和田秀樹
1369 職場の発達障害 岩波 明
1395 百歳まで歩ける人の習慣 伊賀瀬道也
1402 新型コロナは人工物か？ 宮沢孝幸